1일
1명상
1평온

오직 나만을 위한 하루치의 충만함

1일
1명상
1평온

디아 지음

카시오페아
Cassiopeia

요가 하는 사람이
왜 그래?

요가의 신, 요가는 나

저는 스물두 살에 요가를 처음 배웠어요. 겨우 석 달이었지만 제가 무려 요가의 신인 줄 알았어요. 유연성이나 체력이 나쁘지 않다는 사실에 우쭐거리며, 비기너만이 가질 수 있는 귀여운 착각에 빠졌죠. 그때는 유연성이 곧 요가인 줄 알았어요. 몸을 쭉쭉 늘리고 땀을 빼는 다이어트, 그게 제 머릿속 요가의 전부였거든요.

한참 뒤 일에 쫓기다가 몸이 망가지는 걸 느끼고 다시 요가를 찾았죠. 다시 만난 요가는 달랐어요. 이번에 저는 조금 우스울 정도로 비장했어요.

'요가는 곧 나야!'

마음공부로 채울 수 없었던 어떤 지점을 요가가 팍팍 건드려주니까, 거기다 건강까지 좋아지니까 내 인생을 바쳐 탐구해야 할 영역이라는 생각이 들었거든요.

'운동 너머에 뭔가가 더 있는 것 같아, 그게 뭐지?'

그땐 이런 질문을 달고 살았어요.

한편으로는 이렇게 재미난 것을 하면서 돈까지 번다면 얼마나 좋을까 하는, 현실적인 욕망이 생겼어요. 물론 저는 북에디터로서 제가 좋아하는 일을 하고 있었어요. 그렇지만 조직에서 벗어나고 싶은 마음은 누구나 있잖아요. '얼른 프리랜서가 되어서 투잡해야지!'로 마음이 기울더군요. 제 눈에는 요가 선생님이라는 직업이 조금의 유연성과 체력이 따라주면 해도 되는 것으로, 그러니까 만만한 일로 보였거든요. 책 쓰고 편집하면서 얼마든지 할 수 있는 일이라고 생각했어요.

'수련도 열심히 하고, 프리랜서로 일도 잘하고, 요가도 잘 가르칠 거야.'

회사에서 이런 생각을 하며 혼자 흐뭇해하던 생각이 나요.

실제로 그 뒤 퇴사하고 프리랜서가 되어 '수련-수업-책 작업'을 하며 살고 있어요. 미래 계획은 없지만, 하루의 틀을 잘 지켜가는 지금의 삶이 참 좋습니다.

다만!

역시 인생의 묘미는 '다만'이나 '그러나', '그렇지만'에 있는 걸까요? 제가 선택했고 만족스럽게 여기는 이 삶에도 '다만'이 붙더라고요. 완벽해 보였던 그 하루의 틀에 말이죠. 처음 3~4년은 자리를 잡아가느라 정신이 없었고, 웬만큼 안정되고 나니 슬럼프가 오더군요. 머릿속이 복잡해지고, 뭐든 생각만큼 안 되는 기분이었어요.

어느 날은 왜 슬럼프에 빠졌는지 진지하게 돌아봤어요. 고개를 갸웃거리며 요모조모 돌아본 끝에 '그럴 수밖에 없었다'라는 결론을 얻었어요.

요가를 가르치는 걸 다른 일을 하면서 해도 되는, 만만한 일로 봤다고 했지요? 그런 제 생각에 걸려 넘어진 거였어요. 올 것이 온 거죠. 어떤 분야건 깊이가 생기려면 시간과 열정과 노력과 눈물이 필요해요. 하면 할수록 어려워지기도 하고요. 그러니 갈수록 더 많은 공부를 해야 하죠. 1만 시간의 법칙은 정말 잘 연구된, 박수 쳐주고 싶은 이론이에요. 뭔가를 제대로 해내려면 정말 1만 시간은 들여야 하는 것 같아요.

'이 일을 하면서 저 일도 한다'라는 건 이 일도 1만 시간쯤 채워야 하고, 저 일도 1만 시간쯤 채워야 한다는 거지요. 그러지 않으면 이 일도 이쯤에서 멈춰 있고, 저 일도 저쯤에서 멈춰 있거든요. 처음 몇 년이야 내 삶을 새로이 컨트롤하고 있다, 새 인생을 산다 하는 기쁨이 커서 그걸 에너지로 쓸 수 있어요. 하지만 얼마 안 가 이쯤에서 멈춰 있고 저쯤에서 멈춰 있는 자신을 발견하면 성에 차지 않아 저절로 화가 나게 되죠.

'아, 만만치 않구나! 요가 수련도 발전해야 하고, 요가 수업도 좋아져야 하고, 책 쓰기도 잘해야 하고, 편집 일도 잘 이어가야 하는데…….'

더 좋아져야 하고 더 잘해야 하는 것들만 자꾸 늘어났어요. 하지만 몸은 하나잖아요. 마음처럼 되는 게 한 가지도 없는 거예요. 그러면서 자꾸 우울해지고 짜증이 나더군요.

그런 시기에는 원래 잘하던 것도 안 되기 마련이에요. 이미 마음이 쫓기고 고요하지 못하니까요. 그러면 뒷걸음질을 치게 되어 있지요. 하나에 마음을 쏟아도 어려운 과제들인데 두 다리, 세 다리로 뻗어 있는 느낌이었어요. 예를 들면 출렁다리 위에서 저글링을 하는 기분이랄까요.

한창 심할 때는 정말 머리가 돌 것 같았어요. 실제로 턱이 굳고 목이 뻣뻣해져서 경추신경 1번과 2번에 문제가 생겼어요. 머리가 뱅글뱅글 도는 어지럼증에 걸려서 자주 누워 있었답니다. 역시 몸은 거짓말을 못 해요!

'앗, 뭐지! 이 익숙한 느낌은?'

자꾸 아파 누워 있으면서 강한 기시감을 느꼈어요. 사회생활을 할 때, 아니 더 어릴 때부터 줄곧 함께해온 익숙한 느낌 속으로 다시 돌아온 거예요. 다들 잘 아는 그 느낌 말이에요.

'더 잘해야 해. 나는 왜 이것밖에 안 될까?'

보통 요가 하면 비워내는 데서 얻는 행복을 떠올리잖아요? 그런데 요가마저 남들보다 잘해야 하는, 어제보다 나아야 하는, 지치지 않고 계속해야 하는 것으로 생각하고 있었어요. 그러면서도 자꾸 도망가려 하는 익숙한 마음자리로 돌아온 거예요.

요가를 하고 있는데도 이렇게 된다는 사실이 너무 부끄러웠어요. "요가 하는 사람이 왜 그래요?"라는 말을 들을 것 같고, 내가 도대체 요가를 어떻게 하고 있나 싶어졌죠.

제가 어디 가서 요가 한다고 하면 "네, 딱 요가 선생님 같아요"라는 말 많이 듣거든요. 마음을 잘 비울 것 같은(?) 인상을 주나 봐요. 그런데 저는 자신을 알아요. 잠깐이라도 마음을 놓치면 '더 잘해야 해. 나는 왜 이것밖에 안 될까?'를 붙들고 안달하는 사람이라는 사실을요. 그런다고 나아지지도 않는데 말이지요. 오히려 그럴수록 반작용으로 더 게을러지죠.

마음이 이렇게 마냥 울퉁불퉁하면, 내가 하는 지금 이 행위에서 눈을 떼고 짜증을 내면서 도망갈 궁리를 하게 마련이에요. 일하는 것도 노는 것도 쉬는 것도 아닌, 부산하기만 한 상태가 되죠. 별것 하지 않았는데도 그저 마음이 피로하고요.

이런 상태가 되면 다른 사람을 보고 평가하는 데 빠져들어요. 나 자신을 들여다보는 것보다 남을 보는 게 언제나 더 쉽고 달콤하고 재미나잖아요. 유튜브 보기도 그중 하나죠.

명상이 정말 필요한 사람

명상을 잘할 것 같은 저는, 실은 명상이 언제나 필요한 사람이에요. 요가도 명상의 한 종류이지만, 저로서는 마음을 좀 더 직접적으로 들여다보는 방식의 명상을 함께 해야 했어요. 제 마음의 어느 지점에 걸려서 넘어졌는지 자신을 좀 더 솔직하게 봐야겠다는 생각이 들더군요. 무엇보다 일상부터 좀 더 성실하게 살아야겠다고 생각했어요.

그때부터 저에게 마음 지켜보기에 관한 과제를 하나씩 내주었어요. 으르렁거리다가 제풀에 지쳐 쓰러지곤 하는 저를 일으키기 위해서요. 여러 명상법 가운데 도움이 됐던 것을 응용하거나, 살면서 나름대로 발견한 것을 소박한 하루 치의 과제로 만들었어요. 명상 매뉴얼이라기보다는 '명상이라 할 만한 것'일지도 모르겠네요.

그 과제는 하루에 한 가지면 충분하더군요. 그 이상은 머리가 기억하지 못해요. 하루에 한 가지 명상을 틈틈이 반복하면서 고요함을, 민감함을, 열린 마음을 길러가려고 합니다. 이는 오로지 저를 위한 마음공부 워크북이었는데, 이렇게 노트북 밖으로 나오게 되었어요. 글을 다시 손보면서 제 경험과 마음공부에 관한 개념, 철학이 필요하면 조금 더 얹었습니다.

이 책이 읽기용이 아니라 워크북이 되기를 바랍니다. 책을 하루에 다 읽고 던져두기보다는 한 꼭지만 읽고 그에 대해 사색하거나, 명상법이 소개된 꼭지라면 일과 중 틈틈이 해보면 어떨까 해요. 저도 그런 용도로 읽는 책들이 있어요. 전철 이동 중에 한두 꼭지만 읽고 맛을 느낍니다. 조금씩 하는 독서, 몸으로 들어와 나와 하나가 되는 독서가 참 좋아요.

그리고 스트레스를 없애기 위해 명상을 시작하지만, 나중에는 도리어 '명상하기 위해서 일한다, 만난다, 공부한다, 밥 먹는다……' 하는 식으로 생활의 주객이 전도되어간다면 더없이 좋겠어요. 그편이 지속 가능한 행복으로 이어지는 길이니까요. 저도 그렇게 되어가고 싶은 마음에서 '1일 1명상'을 계속하고 있답니다. 행복으로 가는 이 길에 당신도 함께할 수 있기를 바랍니다!

2020년 6월
어느 평온한 날에
디아

1장

명상이
필요할 때

자극이 없을 때 지루함, 불행, 슬픔, 불안,
의기소침으로 빠지는 까닭은
우리가 사회적 동물이거나
육신을 가지고 있어서가 아니라
마음이 고통스럽기 때문이다.

앨런 월리스

일희일비하며
산다는 것

"에혀, 내가 오늘도 일희일비하며 산다."

친구가 전화로 오늘도 이렇게 푸념해요. 사업하는 친구니 별의별 일을 얼마나 많이 만나겠어요. 그 친구는 하루하루 일어나는 사건에 휘둘리느라 몇 년째 너무 정신이 없어요. 그렇지만 친구에게 굳이 이렇게 말하지 않아요.

"너도 명상해봐. 삶이 정말 달라져."

모든 일엔 다 때가 있으니까요. 스스로 찾게 되는 때, 말하자면 마음의 바닥을 찍었다는 생각이 들 때는 누가 권하지 않아도 찾아서 명상을 하고 싶어 해요. 삶이 어렵다는 걸 느끼고 무릎을 꿇을 때, 내 마음 다스리는 게 무엇보다 중요하다는 걸 절감할 때 말이에요.

일희일비 一喜一悲는 한 번 기쁘고 한 번 슬프고, 즉 기쁨과 슬픔이 번갈아 일어나며 마음이 흔들린다는 뜻이지요. 너무 당연한 질문을 한번 해볼까요? 기쁘고 슬프고가 반복되면 내가 왜 흔들릴까요?

기쁨은 좋아하고, 슬픔은 싫어하잖아요. 좋은 건 붙잡고 싶고, 싫은 건 밀어내고 싶죠. 그래서 기쁨은 붙잡으려, 슬픔은 떨쳐내려 애쓰죠. 기쁨에는 집착이 생기고 슬픔은 싫어서 화를 내요. 일어나는 감정을 저 혼자 당겼다 밀었다 하면서 승강이를 하는 거예요. 그런 싸움도 자꾸 하다 보면 지치게 마련이잖아요. 어떨 때는 내 인생인데 내가 아니라 일어나는 감정이 주인공 같기도 하고요.

보통 기분 나쁜 일이 생기면 어떤가요? '뭔가 잘못됐어' 또는 '이게 아니야'란 말을 속으로 계속하면서 머리가 쉼 없이 돌아가요. '그 사람이 문제고, 시스템이 잘못됐고, 상황은 나쁘며……' 이런 생각이 도돌이표처럼 맴돌아요. 마음이 쑥대밭으로 변해 그 괴로움과 한참 씨름해요.

혹시 마음의 진흙탕에서 한동안 뒹굴다가 이런 생각이 든 적 있나요?

'도대체 내가 왜 괴로워야 하지?'

상황이나 그 사람의 문제가 아니라, 괴로워한다는 자체가 당연한 게 아니라, 도대체 내가 왜 이렇게 감정에 휘둘리나 하고

'나'에 초점이 꽂힐 때 말이에요. 그 상황과 그 사람이 아니라, 나란 사람은 어째서 이렇게 반응하고 사는지를 위에서 내려다보고 싶은 욕구가 생기는 시점. 이런 시선 전환의 시기에는 크고 작은 변화가 생깁니다. 비로소 쑥대밭이 된 마음을 들여다보면서 괴로움의 싹을 잘라내고, 꽃을 심게 될 테니까요.

쑥대밭이 된
마음

　　명상은 자기 마음을 잘 돌보는 일이에요. 상황, 사람, 사건에 일희일비하지 않고 언제나 환한 마음으로 지내기로 마음먹고 실천하는 일이지요. 그것은 작은 텃밭을 돌보는 것과 같아요. 아무리 작은 텃밭도 가만히 놔두면 쑥대밭에 제멋대로가 되잖아요.

　　예전에 화분 몇 개에다 배추씨를 심은 적이 있어요. 저는 시장에 가면 파는 토실한 배추가 화분에서 그냥 키워지는 줄 알았답니다. 얼마 후에 잎들이 나와서 몹시 기뻤어요. 그런데 얼마 후에 다시 보니 몇 개 나온 배춧잎을 벌레가 갉아 먹어서 성한 게 하나도 없는 거예요. 당연히 알도 차지 않았죠. 아침마다 나무젓가락으로 배추벌레를 잡아서 흙 마당으로 던지는 일을 했어요.

늘 여섯 마리 이상을 잡아야 했죠. 도대체 배추벌레가 어디서 날아오나, 알이 어디에 있나, 농사 비슷한 것도 해본 적 없는 저로서는 그저 난감했어요. 배추벌레와의 전쟁을 선포하고 얼마 안 가, 허망하게도 한 포기를 잃고 말았답니다. 배춧잎이 모기장처럼 구멍이 뚫린 채로 마냥 시들어 있었어요.

당시 배추 농사(?)가 완전히 실패할 무렵에는 글쓰기에 방향도 잃고, 수련도 자꾸 빠지고, 수업 하나를 관두게 되고, 공부도 흥미를 잃으면서 모든 게 뒤죽박죽이었어요. 이 뒤죽박죽의 출발점은 머릿속에 엉킨 글감이었는데, 살림에서도 곧바로 나타나더군요. 정리 안 된 옷가지나 시든 화분들만이 아니라 심지어 밀린 세금 고지서, 답장 못 한 이메일과 메시지, 말라비틀어진 행주까지 모든 게 방치되었어요. 구멍이 숭숭 뚫려 말라 죽은 잎사귀의 화분처럼, 제 작업실에선 온갖 책과 자료가 책꽂이 밖으로 나와 바닥에 나뒹굴고 있었어요. 소화되지 않은 자료와 스터디 과제들은 그것들대로 먼지가 쌓여갔죠.

원래 요기들은 청결을 중요한 덕목으로 여겨요. 몸과 마음을 늘 깨끗하게 정돈하라는 의미죠. 제가 보니 수련에 열심인 요기들은 원래가 깔끔해요. 이런 면에서 저는 본투비 요기는 아니라고 자주 생각하죠. 원래도 정리정돈을 잘 못하는 데다가 골몰해야 하는 과제가 하나 생기면 일상이 쑥대밭이 되고 말아요.

몸과 마음이 연결되어 있는 것처럼, 일상과 내면은 연결되어 있어요. 내면과 마음은 눈에 보이지 않으니 갈피를 잡기 어렵잖아요. 더욱 깊고 세밀하게 다루어야 하죠. 일단은 눈에 보이는 것부터, 만지고 맛볼 수 있는 것부터 다듬어가면 한결 쉬워요. 그래서 요가는 몸을 돌보면서 마음을 돌봅니다. 같은 원리로 일상의 작은 행위들을 돌보면 내면을 돌볼 수 있어요. 이것은 중요한 명상 수행 중 하나랍니다. 특히 저 같은 사람들에게 무척 필요한 수행이죠.

'행주좌와어묵동정行住坐臥語默動靜'은 일상이 곧 수행이라는 뜻입니다. 옛 선사들은 걷고, 머물고, 앉고, 눕고, 말하고, 말하지 않고, 움직이고, 움직이지 않는 그 모든 순간에 깨어 있으라고 했어요. 명상이 산사에 앉아서 눈을 감고 있거나 조용한 시공간에서 혼자 하는 것이 아니란 이야기예요. 오히려 삶의 지극히 작은 행위들을 명상으로 바꿔가라는 격려로 들립니다. 만약 그럴 수 있다면 쑥대밭이 된 마음이 좀 더 가지런해지겠지요.

일상이
명상이 되기 위해서

저는 성격이 급해요. 게다가 살림이나 늘 해야 하는 소소한 일에서는 시간을 줄여야 한다는 강박이 있어요. 그래서 요리를 하면서 청소하고 빨래를 돌리는 등 시간의 빈틈을 없애려고 노력해요. 어떨 때는 오로지 빈틈을 줄이는 데만 신경 쓰고 있다는 생각이 들기도 해요.

이런 사람들의 특징은 마무리가 약하다는 거예요. 잘 관찰해 보면 설거지 정돈이 끝나기 전에 세탁기 버튼에 마음이 가 있어요. 이걸 끝내고 세탁기 쪽으로 가도 되는데, 머릿속에서 이미 세탁물을 꺼내고 있는 거예요. 또 세탁기에서 빨래를 다 꺼내기 전에, 전자레인지에 마음이 갑니다. 저걸 눌러 국을 데워야 한다고 생각하죠. 괜히 마음이 급해 동동거리는 거예요.

명상 책이라면서 왜 배추벌레, 빨래, 설거지 같은 이야기만 계속하느냐는 사람도 있을지 모르겠네요. 명상이 좀 더 고상한 것이면 좋을 텐데 말이에요. 그런데 실은 이게 명상의 핵심이에요. 빨래할 때 빨래하고, 설거지할 때 설거지하고, 책 볼 때 책 보는 집중된 흐름을 민감하게 이어가는 일이죠.

그러면 무엇이 달라지는데요? 그런 행위에 좀 더 마음을 쏟을 때 '나, 내 생각, 내 미래, 내 과거, 내 돈, 내 가족……' 등의 생각 더미에서 멀어지고, '나'라는 존재 자체가 희미해져요. '내가 하는 설거지'가 아니라 '설거지를 하는 어떤 사람'으로 한발 물러나서 보게 되죠. 다른 잡념이 없이 그 일만 해나갈 수 있다면, 그 자체로 굉장히 귀한 명상 시간이 될 수 있어요.

보통 사회생활에서는 끊임없는 '나에 관한 생각' 때문에 머리가 복잡해요.

'나니까 이 정도 한다.'

'나답게 처리하고 있다.'

'누가 나 좀 인정해주지 않나?'

'나는 평가받고 싶어.'

'쟤보다 내가 낫지.'

'나 어때?'

'내 생각엔…….'

언어중추에서 나에 대한 중계방송을 계속 이어가거든요. 그

방송에 마음을 뺏기기는 너무 쉬워요. 왜냐하면 다 내 이야기니까요.

멀리서도 누가 내 이야기를 하면 귀에 바로 꽂히듯이, 나는 나에게 엄청나게 관심이 많아요. 내 머릿속에서 내가 만드는 나의 이야기인데도, 마치 남이 하는 내 이야기인 것처럼 신선하게 놀라면서 귀를 기울이죠.

그 중계방송을 백색소음인 듯 여기고 지금 하는 일을 해나갈 때, 놀라운 알아차림이 일어나요. 지금 하는 일이 양치질이라면 칫솔에 치약을 묻힌 뒤 치약 뚜껑을 잘 닫고, 지금 하는 일이 옷입기라면 소매 밖으로 팔이 빠져나올 때의 감각을 잘 느껴보세요. 고작 그런 것이라고 생각되시나요? 하지만 그처럼 지금에 마음을 기울일 때, 마음이 고요를 찾아가고 진리의 한 자락을 발견하게 됩니다.

진리의 한 자락,
무상함과 불확실성

'붓다Buddha'는 '깨달은 자'라는 뜻이에요. 무엇을 깨달았다는 뜻일까요? 다르마Dharma(우주의 진리, 법칙)를 알았다는 말이에요. 붓다는 명상으로 다르마를 발견했고, 그것을 평생 제자들에게 가르쳤어요. 남방불교는 아직 그 전통대로 수행을 하고 있죠.

다르마는 무엇일까요? 명상을 시작하고 가장 먼저 발견할 수 있는 다르마의 성질은 두 가지예요. 무상함과 불확실성이죠.

먼저 무상함을 얘기해볼까요. 무상함이라……

봄날은 가고, 사랑은 변해요. 아이는 자라고, 곁을 떠나죠. 만나고 헤어지고, 우리는 나이가 들어가요. 변하지 않는 게 없어요. 지금 이 순간도 계속 변하고 있죠. 하지만 지금 당신 눈에 막

변하는 게 보이나요? 의자는 의자고, 산은 산이고, 나는 나잖아요. 뭐가 변해요? 그냥 딱 고정된 것만 같지요. 어제의 나와 오늘의 나는 다르지만, 똑같다고 느끼잖아요.

그래요, 그래서 대단한 진리는 말은 아주 쉬워도 그 뜻을 충분히 이해하기는 어려워요. 붓다는 제자들에게 지금 이 순간에도 계속 변하고 있다는 사실 자체를 철저히, 깊이 알게 했어요. 감각, 생각, 감정 모두 나타났다가 사라진다는 것을 말이에요. 그건 여기에 있지 않아요. 이미 지나갔어요. 그런데 나는 그 생각, 감정을 붙들고 괴로워하죠. 마음이 아주 고요해지면 그 생각, 감각, 감정이 여기 없구나, 지나갔구나 하는 걸 알 수 있어요. 그러면 가슴을 찌르는 듯한 통증이나 뒷골이 당기는 느낌 따위도 사라져요. 그 역시 망상 속에서 내가 만든 스트레스일 때가 많거든요.

붓다는 무상하다는 사실을 받아들이지 못할 때, 그게 계속 여기 있다 또는 있어야 한다고 생각할 때 괴로움이 일어난다는 걸 알아냈어요. 좋았던 기억, 젊음, 돈, 감각적인 행복은 붙들고 싶죠. 반대로 비난이나 무관심, 실수, 외로움은 힘껏 밀어내려고 합니다. 좋은 건 변하지 말라고 하고, 싫은 건 빨리 가버리라며 화를 내죠.

흔히 인생을 강물에 비유하잖아요? 지금 보는 한강은 어제의 한강이 아니죠. 몇 초 전에 본 하나의 물방울도 이미 지나가고 없어요. 이렇게 한강의 물방울이라면 통찰하기 쉽지만 그것이 내 돈, 내 연인, 내 직장, 내 칭찬이라면 어떨까요? 그건 완전히 다른 문제가 됩니다. 계속 내 것이어야 하니까요.

'내 것 새' 이야기를 아시나요?

아주 깊은 산에 필발이라는 약초 나무가 있었어요. 이 나무 위에 새 한 마리가 살고 있었죠. 그 새의 지저귀는 소리가 '내 것 我所, 내 것'이어서 '내 것 새'라는 이름이 되었어요. 그런데 열매가 익는 계절이 되자 사람들이 몰려왔어요. 필발나무의 열매를 약으로 썼기 때문이에요. 사람들이 앞다투어 열매를 따 가자 내 것 새는 비명을 지르며 소리쳤어요.

"내 것이다. 내 것이다. 가져가지 마라. 내 것을 따 가면 나는 싫다."

내 것 새가 쉴 새 없이 지저귀었지만 사람들은 그 소리의 뜻을 알아듣지 못한 채 부지런히 열매를 땄어요. 내 것 새는 열매가 없어질까 봐 걱정이 되어 쉬지 않고 소리를 질렀고, 결국 죽고 말았어요.

내 것이 언제까지나 내 것이면 얼마나 좋을까요? 아마 그러면 모든 게 만족스럽고 행복하겠지요. 미래를 불안해할 필요도 없고요. 그러나 그것이 원래부터 내 것이었나요? 나는 누구의 것인가요? 지금은 지금이죠. 지금을 받아들일 때 진짜 행복이 온다고 붓다는 이야기해요.

진짜 행복이란 우리가 '행복하세요'라거나 '행복해'라고 문자로 적는 그 행복은 아니에요. 흔들리지 않는, 조건에 따라 변화하지 않는 훨씬 지속 가능한 행복이에요. 여기서 중요한 건 붓다는 인생이 원래 괴로움이지만 그 괴로움을 소멸할 수 있으며, 그 방법을 명상에서 찾았고, 실제로 자신의 삶 자체를 행복함으로 구현해 보였다는 사실이에요.

언뜻 무상함을 받아들인다는 건 행복이 아니라 불행처럼 여겨지죠. 그런데 무상함을 받아들인다고 누가 내 미래를 가져가나요? 그건 나의 두려움일 뿐이죠. 또 쉽게 무기력에 빠질까요? 오히려 열린 눈으로 삶을 보게 될 거예요. 바로, 다르마의 성격 중 두 번째인 불확실성을 받아들이게 되는 거죠.

이 이야기를 매우 일상적인 교훈으로 푼다면 이렇게 될 듯해요. '행복해지려면 소소하게는 그 사람에게 해주되 집착하지 말고 해주고, 일을 열심히 하되 기대하지 않고 하라. 하고 싶은 노력은 하되, 습관적인 걱정만은 빼고 하라. 이렇게 살아갈 때, 아니 이렇게 살아가는 연습을 해나갈 때 어떤 상황에서든 만족하고 행복할 수 있다!'

○

無

영화감독 중에 오즈 야스지로를 좋아해요. 그의 영화야말로 선禪의 미학을 보여준다고 생각해요. 봄, 여름, 가을, 겨울에 관한 영화를 시리즈로 만들었다는 데서 선과 사계, 자연의 연결성도 보이고요.

오즈 야스지로는 새로운 시선을 창조한 감독이에요. 그의 영화는 할리우드 영화의 스토리, 내러티브, 플롯에서 확연히 벗어나 있어요. 마치 "관객 여러분, 이건 영화예요. 여러분은 영화를 보고 있어요"라고 이야기하듯, 스크린과 거리를 두며 보게 해요. 짜릿하고 극적인 스토리 없이, 작고 평범한 일상들로 잔잔하게 스크린을 채우죠. 이를 보고 있으면 삶은 의미 없이 흘러가며, 우리는 그 안에서 찰나의 아름다움을 느끼며 사는 존재일 뿐이라는 생각이 들어요. 동시대 할리우드 영화가 다른 시공간으로 뛰어든 주인공의 흥미진진한 이야기 속으로 우리를 폭 빠뜨리는 것과 완전히 반대죠.

그런데 그의 영화를 보고 나면, 영화가 끝난 다음에야 진짜 영화가 시작되는 기분이 들어요. 왜냐하면 극장을 나서는 순간부터 일상 자체가 영화처럼 보이기 때문이죠.

'사는 게 영화였어!'

그가 만든 영화들의 주제는 비슷해요. 사라져가는 것들에 대한 연민, 삶의 무게, 늙음……. 어찌 보면 모두 시간의 흐름에 대한 이야기죠. 〈늦봄〉(1949)도 그래요. 홀아버지를 걱정하며 결혼하지 않으려는 외동딸 이야기인데요. 아버지가 딸을 설득해 선을 보게 하고, 결혼 날짜를 잡아요. 홀로 남을 아버지를 걱정하며 딸은 끝내 울음을 터트립니다. 아버지는 우는 딸에게 말해요.

"행복은 기다리는 게 아니라 만들어가는 거야. 새로운 인생의 시작이지. 아빠와는 상관없어."

아버지는 딸에게 이렇게 쩡하고 쿨하게 이야기해놓고는, 자기 속마음을 친구와 대화하며 슬쩍 내비쳐요.

"……. 아무래도 딸은 허전해. 안 가면 걱정되고 막상 가면 섭섭해."

영화는 딸의 마음과 아버지의 마음을 나란히 펼쳐 보여주지만 그 아쉬움과 슬픔, 못다 한 이야기 등을 애써 봉합하지 않아요. 그리고 '인생이란~' 따위의 이야기도 하지 않죠. 하지만 영화를 보고 있자면 '인생이란~'에 대해 저절로 생각하게 돼요. 또 인물들의 정리되지 않은 감정이 그냥 삶 자체처럼 느껴져요. 느슨한 내러티브, 불쑥불쑥 튀어나오는 진심, 그리고 이 모든 게 시간과 함께 흘러가리라는 사실.

오즈 야스지로는 그런 비슷비슷한 이야기를 평생 만들었어요. 무려 50편이 넘게 작업을 했으니, 예술보다는 노동하듯 영화를 만들며 산 셈이죠. 그러고는 마치 영화처럼 예순 살 자기 생일에 세상을 떠났어요. 시선을 창조하는 바람에 생전에는 이상한 영화를 만드는 감독 취급을 받았죠. 죽은 다음에야 천재로 인정받았어요. 그는 자기 삶을 예견하기라도 한 듯 묘비에 한 글자만 남기도록 당부했어요.

'無'

저는 이런 지점에 전율합니다. 삶은 결국 다 '無'라고 하더라도, 삶 자체는 아름다울 수 있어요. 덧없기 때문에, 그럼에도 의미를 만들려 하기 때문에. 지금 우리의 눈물은 그래서 소중하답니다.

삶의 초심자

"나는 왜 이렇게 힘든 거야?"

이런 말 자주 툭툭 튀어나오죠. 글쎄요, 왜일까요.

담담하게 이야기한다면, 내 마음에는 잠재적인 요소가 무수히 숨어 있다가 조건이 만들어졌을 때 불쑥 어떤 사건이 되어 나타나요. 그런데 '불쑥'들만 보고 있으면 이해하기 어렵죠. 도대체 내 마음의 뿌리 중에 무엇이 이 '불쑥'을 만들어낼까? 이렇게 질문할 줄 안다면 명상에 소질이 있는 거예요.

보통은 '누가 나를 이렇게 힘들게 하나?', '무엇이 나를 힘들게 하나?' 하고 묻거든요. 그런 질문은 답도 훨씬 분명해요. 아마도 그에 대해 잘 연구하면 인정받을 만한 성과를 만들어낼지도 모르죠. 한 가지 단점은 있지만요. 바로 내 삶이 같은 자리로 다시 돌아올 수 있다는 것. 내 마음이 그대로니까요.

저는 요가를 가르치는 일이 말 그대로 요가(그것도 동작)를 가르치는 일인 줄 알았어요. 그런데 마음을 관찰하는 일이더라고요. 이때 마음이란 타인의 마음, 인류의 마음이 아니었어요. 오직 내 마음이 기본 텍스트였어요. 보충 교재는 내 몸이고 말이에요. 좀 아쉬운 부분이죠. 우아하게 '타인의 마음' 같은 것이면 좋았을 것을…….

어쩌면 내 마음 관찰하기를 줄곧 피해왔는지 모르겠어요. '마음에 대해서' 궁금해하긴 했지만 '진짜 내 마음'을 철저하게 들여다봤던가? 좀 부끄러웠습니다. 시간이 흐를수록 '내가 하는 일이 진짜 무언가'를 좀 더 생각하게 되었나 봐요.

나를 잘 관찰할 수 있을 때, 비로소 타인에게 도움이 될 수 있을 거예요. 솔직히 누가 누굴 가르치나요. 내가 나를 가르칠 수 있다면, 그 자체로 매우 훌륭하다고 생각해요. 아마도 이 생각이 이 작업을 하는 이유이자 목적이 아닐까 합니다.

우린 다 자기대로의 삶을 살잖아요. 무척 잘 살지는 못해도 잘 살려고 애쓰며 살아가죠. 그건 우리가 삶에 숙련자가 아니기 때문이고요. 아무리 나이를 먹었다고 해도, 어떤 직업인으로서 경험이 풍부하다고 해도 그 누구도 삶의 숙련자는 아니잖아요. 그저 다 비기너죠. 지금 이 나이는 처음이고, 이런 곳에서 이런 일을 하며 이런 사람들과 이런 생각 속에서 살게 될 줄 누가 알았 겠어요?

그런데 저를 관찰해보니 제 머릿속에서만큼은 제가 초심자가 아니더라고요.

'나는 말이야', '내 생각에는', '나로서는'…….

머릿속에 온통 잘난 '나'밖에 없었어요. 그러다 보니 좀 잘해 야 하는, 뭘 좀 보여줘야 하는, 누가 잘난 척하면 참을 수 없는, 그러나 용기(?)가 모자라서 속으로 감정을 삭이며 우울해하고 권태에 빠지고 회의감이 몰려오는 그런 나였어요.

계속 그러고 있더군요. 참 우습죠.

'살면 얼마나 살아봤다고, 알면 또 얼마나 안다고, 해봤으면 또 얼마나 해봤다고!'

쇼펜하우어가 이렇게 말했다고 하죠.

"인생이란 욕망을 충족시키기 위한 투쟁과 그것이 만족되었을 때 엄습해오는 권태 사이에서 마치 시계추처럼 왔다 갔다 할 뿐 이다."

제 마음은 투쟁과 권태 사이를 왔다 갔다 하고 있음이 분명했 어요. 이런 생각의 과정은 자신을 비난하기 위해서가 아니고, 솔 직한 자기 관찰이었어요. 어느덧 삶의 숙련자처럼 굴고 있는 자 신을 본 거죠. 기분은 썩 좋지 않았지만, 필요한 일이었지요.

자기 관찰은 겉으로 드러나는 일이 아니니까 칭찬이나 보상이

기다리지 않아요. 그래서 다른 일보다 훨씬 게으를 수밖에 없지요. 정말 그래요. 지금의 저로서는 자기 관찰로 부디 '삶의 초심자'가 되어가기를 바랄 뿐이랍니다.

흔한 마음병
하나

제 마음을 몸의 반응으로 관찰해본 적이 있어요. 마음을 바로 보기는 어렵고, 마음은 몸으로 말을 하니까요.

하루 동안 제 몸에서 일어나는 반응을 관찰해봤어요. 일단은 몸이 언제 작아지는지, 반대로 언제 여유로워지는지 한번 체크해봤어요. 재미난 사실을 발견했죠.

하루에도 몇 번씩 아주 미묘하게 작아지고, 쭈그러지고, 힘이 빠져나가더라고요. 좋은 차를 모는 사람만 봐도, 옆의 동료보다 칭찬을 받지 못해도, 멋진 옷을 입고 지나가는 사람만 봐도, 미녀를 봐도 순간적으로 아주 작게나마 몸이 움츠러들어요. 나보다 조건이 나은 사람 앞에서는 그리되더라고요.

박사 앞에서는 말을 좀 더 조심스럽게 한다거나, 부자 앞에서는 등이 꼿꼿하게 펴지지 않는다거나, 부자 앞에서는 작던 목소리가 나보다 못사는 듯해 보이는 사람 앞에서는 좀 더 커지고 말끝도 분명해져요. 몸의 자세부터 달라지더라고요. 살짝 여유로워진다고 할까요.

이는 비교라는 프레임이 계속 가동되고 있다는 의미겠죠. 이 비교의식이 열등감과 우월감을 낳잖아요. 아니면 '너나 나나 뭐가 달라?'라는 생각을 낳죠. 즉, 사람 사이의 관계를 나도 모르게 이기고 지고 비기는 '싸움'으로 보는 거예요. 하루에도 몇 번씩 열등감과 우월감 사이를 왔다 갔다 하더라고요.

몸의 느낌으로 말하면 이래요.

• 우월감을 느끼면 → 몸이 여유롭게 느껴지고 마음이 놓인다.
• 열등감을 느끼면 → 몸이 졸아들고 불안하거나 불편해진다.

비슷한 사람들끼리 있거나 제가 더 낫다고 느끼는 곳에서는 편안합니다. 그러나 똑똑하고 잘났고 잘나가는 사람 옆에 있을 때는 주눅 들 필요 없다고 생각하면서도 몸이 먼저 반응해요. 감정은 사고보다 훨씬 직접적이어서 그대로 몸과 마음의 틈을 비집고 나오기 마련이니까요.

이런 몸-마음의 비교의식에 따른 반응은 아무래도 사회 문화적인 영향이 컸겠지요. 서열을 철저하게 매기는 우리 문화에서는 누구나 어느 정도의 정서적 폭력 속에서 자라니까요. 제 몸 하나 놓고 관찰했지만, 이는 대부분 사람이 흔히 겪는 마음병 가운데 하나죠.

앞에서 제가 '요가도 잘해야 하고 일도 잘해야 하고 글도 잘 써야 하는데'라고 생각하며 마음이 너무 무거워지고 잘 안 돼서 우울하고 상처받았다고 했잖아요? 그것은 제 마음이 잠깐 길을 잃으면 익숙한 그 비교의식 속으로 빠져든다는 말이에요. '나는 무엇이든 잘하는 사람, 열심히 하는 사람'이라는 생각이 비교의식에서 나온 거죠.

그런데도 저는 그게 자존감인 줄로 알았어요.

○
나를 받아들일 때
비로소

자존감이란 뭘까요? 자존감의 원리를 처음으로 대중에게 알리고 규명한 심리학자 너새니얼 브랜든은 자존감의 본질이 '자기 정신에 대한 신뢰와 행복을 누릴 만한 사람이라는 생각'이라고 했어요. 내 정신건강을 신뢰하고 나는 행복을 누릴 만한 사람이라고 생각한다면 자존감이 높은 사람이죠. 서구의 심리학자들은 자존감을 어떻게 높일지 고민해요.

그런데 요가 이론에서는 자존감이라는 프레임 자체에 크게 동의하지 않아요. 자존감이 조건에 따라 변하는 성질이 있기 때문이에요. 프레임 자체가 완전하지 않다고 보는 거죠.

저도 눈에 보이는 뭔가가 나아질 때 자존감이 올라가더군요. 스스로도 행복을 누릴 만하다, 정신이 또렷하다 하는 기분이 따라오고요. 반면 옆 사람이 너무 잘하거나 나만 뒤처진다는 생각이 들 때, 슬럼프가 찾아올 때는 자존감이 작동하지 않았고 저절로 낮아진 자존감을 높이지도 못했어요.

요가 이론에서는 무조건적 받아들임이 중요하다고 가르치거든요. 오로지 지금의 나를 깨어서 보고 그대로 받아들이라고 말이에요. 어떻게 보면 사람의 의지를 꺾어놓는 건 아닌가 싶었는데 그게 아니었어요.

다른 치유 프로그램과 명상의 차이가 무엇인지 아세요? 명상은 변화 중심이 아닌 수용 중심 치료를 한다는 데 있어요. 저는 이게 사람이라는 존재를 훨씬 더 잘 이해하는 데서 나온 태도라고 생각해요.

만약에 자신이 화를 너무 많이 낸다고 생각하면, 보통 '화를 안 내려면 어떻게 해야 하지?'라는 질문에서 출발해 방법을 찾아요. 그러다 보면 그럴싸한 방법이 나타나고, 나도 잘만 하면 저렇게 바뀔 수 있겠구나 생각하죠. 실제로 해보면 거의 잘 안 되는데 말이에요.

그런데 화를 안 내는 게 목표가 아니고, 화가 일어나는 과정을 좀 이해해보고 싶다고 하면 달라져요. 화는 남이 가져다주는 것 같지만 실은 내 안에서 일어나거든요. 내가 어떤 부분에서 화를 내는지, 어떨 때 화가 더 커지는지, 왜 나는 화를 많이 내는 사람이 되었는지, 즉 자기 관찰을 하는 거죠. 그러다 보면 화에서 한 발 물러나면서, 신기하게도 통제한 것도 아닌데 화가 점점 줄어요. 나를 알아가려는 자세를 가졌을 뿐인데 말이죠.

화에 휩쓸리거나 화를 싫어하지 않고 그저 지켜보는 일은 낯설어요. 화를 통제해야 한다고 생각하니까요. 하지만 화를 보는 연습을 하면, 화와 나 사이에 공간이 생겨요. 그 공간이 사람을 변화시킵니다.

인간 중심 치료의 창시자 칼 로저스도 이런 이야기를 했어요. "내가 나를 있는 그대로 받아들였을 때, 그때 나는 변화할 수 있다."

지금의 나를 잘 받아들이는 일은 좋은 변화로 이끌어요. 잘 받아들이기가 나아감으로 연결되는 거예요. 신기한 일이죠. 문장으로 써놓고 보면 논리가 영 맞지 않잖아요.

'지금을 받아들이는데 그게 왜 나아감이야? 둘은 반대 아닌가?'

언어적 모순을 느껴요. 그러나 이런 마음의 원리는 내 마음을 잘 관찰하면서 알아갈 수 있답니다.

명상에 관한
오해들

신비체험이다?

명상이라고 하면 흔히 산사에서 눈을 감고 있는 모습을 떠올리죠. 아니면 혼자 촛불을 켜놓고 바라보거나 먼 곳을 보며 멀뚱하게 서 있는 이미지도 있고요. 명상의 어원인 산스크리트어 바와나Bhāvanā (수행)에는 '닦다'와 '기르다'라는 뜻이 있어요. 그러니까 마음을 닦고 선한 의도를 길러가는 연습이 명상인 거죠. 이를 조금 확장하면, 세상 보는 방식을 좋게 해서 삶에 의미를 만들어가는 훈련이라고도 볼 수 있어요.

단순하게는 내 호흡을 알아차리는 일도, 내가 잘 안다는 마음을 내려놓고 초심자로 돌아가는 일도, 고정관념에서 물러나 보는 것도, 나 자신과 세상에 민감한 마음을 가지는 일도, 그저 차나 한잔 정성스럽게 마시는 일도 다 명상이에요(물론 촛불을 보고 있거나 경구 등을 외우면서 마음을 하나로 모으는 명상법도 있습니다만, 그 것은 마음을 모으기 위한 훈련의 하나로 보고 싶어요).

명상은 이렇게나 풍요로운 개념이어서 일상과 딱 달라붙어 있습니다. 깊은 산사나 무슨 센터에 가서 하는 특별한 활동이 아니고, 걷고 먹고 말하고 청소하는 지극히 일상적인 일에서 내 모습을 발견하는 일의 총칭이에요.

열심히 해야 하는 공부다?

명상을 키워드로 검색해보면 유발 하라리나 팀 페리스, 잭 콘필드를 비롯하여 명상에 빠진 할리우드 스타와 유명인 이야기를 쉽게 만날 수 있어요. 또 명상법이나 명상의 효과, 명상의 원리가 잘 정리된 사이트도 많이 찾을 수 있어요. 하지만 중요한 건 '내가 명상에 빠져보는 일'이죠!

명상을 그저 지적인 과정으로 접근하면 효과는 남의 이야기가 되고 말아요. 명상은 바깥에 있는 어떤 앎의 체계를 배우는 과정이 아니고, 철저하게 내 삶에서 해보는 과정이니까요. 즉 공부의 영역이 아니라 '연습'의 영역이라는 뜻이에요. 많이 알아야 하는 게 아니고, 아는 한두 가지를 자주 연습하면서 자기 경험을 얻어야 해요.

그러므로 명상을 오래 했다, 처음 했다는 중요하지 않아요. 또 명상 이론을 잘 안다, 잘 모른다도 별로 의미 없어요. 명상할 때는 그저 '이 순간에 내가 나와 세상을 잘 만나고 있나?'만이 의미 있는 질문이지요.

종교적 의식이다?

명상은 동양의 수행 문화에서 비롯했으므로, 초기 불교 이야기가 많이 나올 수밖에 없어요. 그렇지만 명상을 하기 위해 불교도가 될 필요는 없답니다. 오랜 전통의 수행 문화를 현대에 맞춰 마음 다스림 프로그램으로써 내 삶에 적용해본다는 의미로 받아들이면 좋겠어요.

저는 종교가 없습니다. 하지만 붓다의 삶, 예수의 삶, 소크라테스의 삶, 장자의 삶, 그리고 그들의 말과 제자들이 연구해놓은 자료에는 무척 관심이 많아요. 명상을 대할 때는 신도로서가 아니라 호기심 많은 학생으로서가 가장 좋은 것 같아요.

하면 좋은 것이고 부차적이다?

3년 동안 세미나에서 《동의보감》 거의 전문(〈탕액편〉과 〈침구편〉을 제외하고)을 읽어봤어요. 《동의보감》은 전문 의학서로는 처음으로 유네스코 세계기록유산으로 등재되었어요. 16세기까지의 동아시아 의학 등을 집대성한 스물다섯 권의 책이고요. 오늘날의 시선으로 보면 의학과 철학이 어우러진 의학 교양서에 가깝죠.

《동의보감》은 목차만 책 한 권 분량이에요. 본문은 물론이고 관련 참고 서적까지 읽어야 하니, 한 10년 열심히 들여다보지 않고서는 감히 공부를 했다고 이야기하기가 머쓱하죠. 다만 동양의학을 큰 그림으로 훑어보니 주제가 무엇인지는 이해할 수 있었어요.

당대의 의학서니까 외과적인 치료법과 병인 등도 상세하게 나와 있지만, 핵심은 예방의학과 양생養生이에요. 그러니까 병에 걸리기 전에 잘 돌보자, 생의 기쁨을 길러가자, 그러면 사람답게 잘 살 수 있다는 내용이에요.

무엇보다 예방의학 부분은 '마음수양'의 권고로 많이 채워져 있어요. 당시 성리학자들에게는 마음수양이 매우 중시되었기에 아무래도 그 사상적 영향을 많이 받았죠. 그렇지만 동양철학의 바탕은 '거의'라고 해도 좋을 정도로 마음수양이 주축을 이룹니다.

심지어 의학책에서도 감각 절제(여기에는 감정도 포함됩니다. 심지어 기쁨도 지나쳐서는 안 된다고 말해요)와 함께 마음수양이 병을 막는 데 가장 기본이 되는 요소라고 밝히고 있어요.

어떻게 보면 모두 아는 내용 같지만, 현대의학에서는 마음수양을 건강의 필수 요소로 꼽지는 않잖아요. 마음수양보다는 건강검진이나 식이조절, 꾸준한 운동 등을 우선순위에 놓지요. 동양의 고전들은 이 마음수양을 '하면 좋은 것'이라거나 표면 또는 부차적인 것이 아니라 가장 중요한 알맹이로 받아들입니다. 그

건 명상가들의 의견과 완전히 일치해요.

맞는 사람이 따로 있다?

"명상을 하면 자꾸 졸려요."

"이 생각 저 생각 자꾸 나서 머릿속이 더 복잡해져요."

"집중이 너무 안 되는데, 전 왜 이런 거예요?"

"도대체 뭘 했는지 모르겠어요."

대부분 사람은 명상이 왜 필요한지 안 다음에, 명상을 조금 배워서 해보고는 이렇게 말해요. '나는 왜 이렇게 생각이 많고 집중하지 못할까?' 하면서 명상이 체질에 안 맞는다고 생각하지요. 그런데 마음이 날뛰는 건 지극히 정상적인 일이이에요. 좀 더 거르지 않고 이야기하면, 아직은 마음의 때가 많아서입니다! 그 때는 잘 불려서 벗겨낼 수 있으니, 너무 걱정하지 마세요.

또 일하거나 공부할 때의 생각 프레임을 그대로 가져와서 '남들보다 잘해야 한다'라거나 '남들보다 못하다', '어제보다 못하다'라는 식으로 비교의식에 휩싸이기도 쉬워요. 드러나는 성과를 보려고 마음이 급해지고요. 그런데 사회생활을 할 때의 생각 프레임 자체를 바꾸려고 명상한다는 사실을 잊지 말아야 해요. 명상은 이기고 지고 비기는 걸 가려내 짜릿해지는 게임이 아니라, 이기고 지고 비기는 게임에 치우친 나를 보면서 웃을 수 있는 연습이니까요.

2장

명상으로
좋아지는 것들

명상은 언제나 자기 자신을
뛰어넘게 해주는 초월의 경험,
다시 말해서 우리는 언제나
커다란 전체의 일부라는 깨달음을 준다.

울리히 슈나벨

포스가
자고 있어

저는 어릴 때 TV 〈주말의 명화〉 프로그램에서 봤던 〈스타워즈〉의 한 대사를 억양과 템포까지 또렷하게 기억해요. 동굴에서 요다가 포스를 깨우려는 루크에게 강조하는 말이지요.

"마~인드~컨트롤."

인연 있는 말은 어린 귀에도 확 꽂히는 걸까요?

'마인드컨트롤'은 요가를 하면서 제대로 만났어요. 요가 경전 중 가장 오래된 문헌으로는 파탄잘리가 쓴 《요가수트라》를 꼽아요. 그 첫머리쯤에서 요가를 '찟다 브리띠 니로다Chitta vrtti Nirodhah'로 묘사하는데요, '찟다'는 마음, '브리띠'는 움직이는 상태, '니로다'는 정지나 죽음을 의미해요. 정리하면 '마음 작용 억제'가 되고, 영어로는 '마인드컨트롤'로 번역하죠. 요가를 하는 이유가 마음이 나대지 않게 하기 위해서라는 이야기예요. 깊은 동굴에서 포스를 깨우려 했던 루크는 요가 수행 중이었던 셈이죠.

원래 요가는 고전철학의 한 학파입니다. 갈래가 많지만 어느 학파든 머릿속 이론만이 아니라 자기 경험과 수행을 강조해서, 행行이 무척 중요한 분야예요.

〈스타워즈〉에는 고전요가의 영향이 많이 보여요. '요다'의 어감이 요기와 비슷하고, '잠든 포스'라는 은유도 그렇죠. 쿤달리니 요가에서는 내 안에 잠든 에너지를 깨우고 그걸 끄집어내려는 고행, 노력을 강조하거든요. 그리고 실제로 요기들은 요다와 루크처럼 동굴(히말라야)에서 수행을 많이 했고요.

감독인 조지 루커스가 청년기였던 1960년대부터 세계적으로 히피 문화가 퍼져나갔어요. 히피들이 사랑하는 성지는 인도였고, 비틀스가 그 문화의 선봉에 섰죠. 이때 동양의 수행 문화인 요가와 명상이 신비의 베일에 싸인 채 서양으로 들어갔어요. 미국이 베트남전의 수렁에 빠져들자 젊은이들 사이에서 반전문화가 들불처럼 일어났고, 명상도 붐이 일면서 그때까지 낮춰 보던 동양문화를 새롭게 보는 계기가 만들어졌어요.

아마도 스티브 잡스가 명상을 했다는 이야기는 많이 들어봤을 거예요. 잡스는 조지 루커스와 열한 살밖에 차이가 안 나요. 같은 문화적 영향권에 있던 인물이기도 하죠. 그러니까 당대 서구의 젊은이들과 지식인들은 경제적 풍요와 대비되는 정신적 결핍에 천착했고, 이를 채우려는 갈망이 있었어요. 그때 요가와 명상을 발견한 거예요. 자기 삶에서 빠진, 자기네들 문화에서 찾을 수 없었던 정신수양 문화를 그 안에서 본 거죠.

이후 명상 수행, 요가 등이 대중적이고 상업적으로 프로그램화되어 사람들에게 많은 사랑을 받았어요. 원래 동양의 수행 문화는 깨달음을 얻고 자기실현을 하기 위한 것이었는데, 서구로 넘어가면서 개인의 행복과 스트레스 감소에 도움이 되는 방향으로 특화돼 발전해요. 의학계에서도 명상의 효과에 대한 연구가 함께 이루어지면서 과학적으로 검증되었어요. 명상 프로그램 중 MBSR Mindfulness Based on Stress Reduction은 1990년대 후반부터 미국에서 의료보험이 적용되고 있어요. 50년쯤 전에 날아간 동양의 홀씨가 오히려 서양에서 더 무성하게 자라나 꽃을 피운 셈이에요.

마인드컨트롤

다시 〈스타워즈〉 이야기로 돌아가 보죠. 감독인 조지 루커스가 신화학자 조지프 캠벨을 좋아했다는 이야기를 듣고, 스무 살 여름방학 때 도서관에서 전집을 쌓아놓고 봤어요. 방학 때 이 책들을 다 독파하리라고 마음먹었죠. 그런데 기대와 달리 캠벨의 책은 너무나 어렵고 지루했어요. 도서관에서 졸기만 했어요. 그런데 한참 뒤에 해설서나 엮음집을 보다가 다시 흥미가 생겼고, 이를 계기로 신화를 좋아하게 됐어요.

영화 촬영지도 가봤는데, 미술감독의 대단한 창의력이 발휘된 줄 알았으나 영화 장면 그대로여서 김이 빠졌어요. 그곳은 원래가 지구 같지 않은 신비로운 자연환경이더라고요. 어쨌든 〈스타워즈〉에서 비롯한 이런저런 호기심의 끝은, 바로 요가에서 '마인드컨트롤'이란 말을 만났을 때예요. 마치 삶의 퍼즐 한 조각이 맞춰진 것 같아 전율했답니다.

생각해보니 〈스타워즈〉는 신화, 대자연, 요가, 수행, 포스처럼 저 같은 부류의 사람들이 좋아하는 것을 한데 뭉쳐놓은 영화였어요. 어떤 부류의 사람들 말일까요? 바로 삶과 자연과 그 근원을 노래하고 싶어 하는, 전혀 위험하지 않은 사람들이지만 엉뚱하게도 무예를 익히고 사는 이들이요. 적을 무찌르기 위해서가 아니라 내 안의 적을 무찌른다거나 자기 자신을 알기 위해서라는, 무협지에나 나올 법한 비장함을 사랑하는 이들이죠.

이들은 조금 진지해서 옆에서 보면 웃길 만큼 자기만의 생활법칙을 가지고 있어요. 세상 한가운데 세워두면 엉뚱하고 어쩐지 위태로워 보이지만, 한때 사회에 적응하지 못하고 방황도 했지만, 다행히 어른이 되어서는 자기만의 세계 속에서 재미있게 살아요. 이들은 공통적으로 자기 안에 있는 뭔가를 끄집어내서 닦아간다는 이야기에 끌리기 마련이에요. 미세먼지 들이마시며 나선 출근길에서도 자연의 삶, 자기 안의 뭔가를 끄집어내는 숭고함을 동경하죠!

왜 사는가?

가면에서 유래해 외부로 보이는 인격을 나타내는 '페르소나persona'라는 용어가 있지요. 사람마다 다양한 페르소나를 가지고 있는데, 저는 사회적으로 수련자라는 페르소나를 자주 쓰고 살아요. 그 페르소나는 어른이 되어서 사회에 한 발을 담그며 살더라도, '왜 사는가?'를 자주 묻게 하죠. 그 덕분에 사회에 두 발을 다 담가둔 사람이 '왜 살지?' 같은 의문에 빠질 때, 어디서 주워들은 이야기를 더듬더듬 내밀기도 하고요.

아마도 그 이야기들은 요다가 했던 '마~인드~컨트롤'에서 벗어나지 않을 거예요. 사람이 어떻게 살아야 하는지, 궁극적으로 무엇을 추구해야 사람다운지를 세대와 세대가 이어지면서 정리된 게 바로 그 말이니까요.

마인드컨트롤이라는 말은 유서가 꽤 깊답니다. 《요가수트라》가 기원전 2세기경에 쓰였으니, 그 말이 쓰인 지는 적어도 2,000년이 넘었죠. 그리고 그 말이 어떤 메시지로 압축되기까지는 또 긴긴 인류의 깨달음이 있었죠. 인류는 전쟁과 광기, 인간으로서는 도저히 상상조차 할 수 없는 일들이 자행된 악의 시대와 욕망이 들끓던 천하태평의 시대도 거쳐왔잖아요. 회의감과 절망감에 빠진 사람들이 '도대체 인간은 왜 사나?', '어떻게 살아야 하나?' 하며 얼마나 많이 자조적으로 물었겠어요.

이에 당대의 훌륭한 수행자들이 집단지성으로 압축한 말이 마인드컨트롤이라고 봐요. 마인드컨트롤은 인류의 고뇌에 맞서서 가장 단단하게 압축된 금강석 같은 한마디라고 저는 생각합니다.

그런 만큼 마인드컨트롤이라는 말은 무게감이나 깊이를 가늠하기 어려워요. 인류사를 볼 때 이 분야에서 좋은 성적을 거둔 사람은 몇 안 되잖아요. 우리는 그들을 성자라고 부르죠. 그러니까 한 인간이 세상에 태어나서 자기 마음을 컨트롤하며 아름답게 사는 일은 대단히 어렵다는 거예요.

끽다거

나름대로 힐링 업계(?)에 있는 저도 마인드컨트롤이 잘되는 사람은 아니에요. 마인드컨트롤이 정말 어렵다는 걸 직업적으로 알아가는 사람일 뿐이죠. 역설적으로, 제가 가장 잘 가르칠 수 있는 주제는 이것입니다.

'어떻게 하면 몸이 빨리 망가지는가?'

'어떻게 하면 마음이 늘 괴로운가?'

절대로 '어떻게 하면 몸이 유연하고 강해지는가?'나 '어떻게 하면 마음이 언제나 평정하고 활기찬가?'가 아니죠. 그저 명함에 적혀 있는 타이틀처럼, 수련자라는 제 페르소나는 저 자신을 설명하긴 하지만 잘 대변해주지는 못해요.

제 마음은 솔직히 자주 이렇습니다. 남을 의식하지 말아야지

하는 순간, 이미 의식하고 있음을 알고 휘청대요. 불타던 의지는 한 시간 후면 이미 꺾여 있어요. 오늘도 어제처럼 일희일비하죠. 옷 하나 고르고 나면 기분이 좋다가, 결제하고 돈이 빠져나가면 우울해하는 존재예요. 구매 단추를 누른 것은 나인데도 앞에서 웃고 뒤에서 우는, 이 일의 결과 저 일이 생겼다는 인과관계를 이해하기보다는 그저 코앞에서 일어나는 일에 반응합니다. 마인드컨트롤을 잘할 것 같은 직업군의 사람치고는 꽤 엉성하지요.

다만 요즘에는 수련자라는 페르소나를 생각하며 소박한 결론 하나를 지었어요. 마인드컨트롤에 관한 무척 인간적인 그림이죠.

'모든 답은 내 안에 있고, 모든 문제는 내가 만든다. 그 인과관계를 뒤늦게 차나 한잔 마시면서 돌아본다.'

"마음이 너무 시끄럽습니다."

"이보게, 차나 한잔 마시게."

'차나 한잔 마시게'는 조주趙州 선사의 유명한 화두죠. 이를 끽다거喫茶去라고 해요. 조주 선사는 누가 무얼 물어도 "이보게, 차나 한잔 마시고 가게"라고 했어요. 또 '차선일치茶禪一致'라고, 차와 선은 같다는 말도 있잖아요. 지금의 저로서는 이런 말들을 조금 단순하게 이해합니다. 내 마음 하나 어쩌지 못하지만, 그 상태를 반조할 수 있어 좋다고 말이죠.

요가 수련을 하고, 명상 수행처도 기웃거려보고, 온갖 책을 뒤

적거리고, 비싼 테라피도 다 받아봤지만 마음은 고요해지는가 싶다가도 어김없이 다시 출렁대요. 그렇지만 이제는 출렁대는 자체를 미워하지 않고, 지금의 모습을 받아들이려 해요.

이런 받아들임은 선선하다는 기분을 만들어줍니다. 뭐든 그때 그때 잘 파악하고 대처하고 싶지만, 아직은 역량을 키워가는 중이니까 서툴러도 괜찮다고 말해주는 거죠. 여기에 요가는 차를 마실 때만큼은 온몸과 마음으로 마셔야 한다는 디테일을 가르치고요.

이때 '차를 온 마음으로 마신다'와 '인과관계를 돌아본다'는 명상의 큰 두 갈래 방향을 보여줘요. '온 마음으로 마신다'는 한 대상에 마음을 모으는 대상 집중 명상 방식이고, '인과관계를 깨닫는다'는 마음 작용을 들여다보는 통찰 명상 방식이에요. 명상의 종류는 매우 많지만, 크게 이 둘에서 벗어나지 않아요.

명상의
두 갈래

대상 집중 방식의 명상은 마음을 가라앉히는 데 중점을 둡니다. 그리고 마음 작용을 관하는 통찰 명상은 지혜를 길러주죠. 물론 두 방식 다 지렛대처럼 활용해야 해요.

우선은 마음을 고요하게 만들 줄 알아야 내 마음을 보면서 지혜를 얻을 수 있겠지요. 또 마음만 고요해서는 지혜가 길러지기 어려워요. 무엇보다 지혜는 지식이 아니라서 자료를 읽어 얻는 형태가 아니고, 행이 중요하죠. 삶 속에서 계속 부딪치며 해나가야 하는 일이니까요.

대상 집중 명상에서는 하나의 대상에 마음을 붙들어 매는 훈련을 합니다. 이 방식은 집중력과 몰입력을 높여줘요. 예를 들어 몸을 대상으로 수련한다면 건강이 좋아지겠지요. 어떤 대상을 붙잡든, 마음을 모으는 연습만 잘해도 분명히 더 좋은 삶을 살 수 있어요. 마음을 모으지 않으면 작은 일도 잘되기 어렵잖아요. 마음을 잘 모을 수 있게 됐다면, 자기 마음 작용을 관찰해가는 겁니다.

이 책에서는 이 두 방식의 명상이 순서를 따로 두지 않고 섞여 있어요. 책의 짜임은 몸·호흡 관찰을 비롯해서 감정·생각·의도 알아차리기, 가장 중요한 일상의 행위를 잘 해나가는 실습들로 되어 있어요. 하지만 어디까지나 이건 임의로 정리한 순서일 뿐이에요. 차례로 해본 다음에는, 쉽고 편안한 것부터 자주 해보는 식으로 접근하길 바랍니다.

이론을 안다고
달라질까?

저는 무얼 시작하면 이론이나 방법을 파헤치는 데 시간을 많이 써요. 해보기보다 알아보기를 좋아한다는 뜻이죠. 그런데 차갑게 물어볼 필요가 있어요. 목적이 둘 중 무엇인가 하고 말이지요.

• 진짜 알고 싶은가?
• 알아보고 싶은가?

진짜 아는 게 목적이라면 해보기에 열중해야 해요. 이론이나 체계적인 방법은 오히려 내 마음이 아닌 바깥 대상에 대한 집착일 때가 많아요. 그저 지적 허기인 거죠. 솔직히 내 마음이라는 모호한 텍스트보다는 뭔가 과학적이고 학문적으로 검증된 이론이나 권위자들의 말에 기대고 싶잖아요. 그편이 뭔가 공부하고 있다는 기분을 주기도 하고, 접근하기도 더 수월하니까요. 그러나 그걸 다 안다고 삶이 달라질까요?

장담컨대 이론이나 체계를 배우면, 또 다른 이론이나 체계를 배우고 싶을 거예요! 해보기를 계속 미루는 저 같은 사람에겐 '안다고 삶이 달라질까?'라는 질문이 매우 유용해요.

자기를 잘 관찰해야 한다고 '생각'하거나 자기를 잘 관찰하자고 '말하는 일'이 실제로 자기를 관찰하는 일은 아닙니다. 그렇죠? 둘은 엄연히 달라요. 정말로 자기 관찰을 하려면, 이론이 아니라 자기를 관찰해야 합니다.

명상으로
좋아지는 것들

힘든 과제가 쉬워진다

요가인들은 파이팅을 권하는 사회에서 이완을 외치고 살아요. 한쪽에서는 힘내자고 시끄러운데, 이들은 저 반대편에서 힘 빼자고 이야기하죠. 이들은 이완의 전문가여서 이완하면 뭐가 좋은지, 어떻게 이완하는지 알고 있어요. 단순히 사회가 너무 복잡하고 갑갑해서 "난 싫어, 대충 살 테야!"라는 뜻으로 이완을 말하는 게 아니에요.

무엇보다 이완이 가져다주는 좋은 효과를 자주 체험해요. 힘 주면서 달려가야 잘할 수 있다고 믿었던 고정관념이 부서진 경험도 많죠. 흔하게는 초보자일수록 뭐든 잔뜩 긴장해서 몸이 뻣뻣하게 굳어 있잖아요? 그러면 잘 해내기 어렵죠. 숙련자는 힘든 일도 정말 쉽게 하는 것처럼 보이는데, 이는 힘을 잘 뺄 줄 알기 때문이에요.

그들은 작업에 몰입하면서도 이완되어 있어요. '지금 내가 이것을 하고 있어. 나는 무척 중요한 일을 하는 중이야' 하고 몸-마음을 굳게 하는 방향으로 의식을 끌고 가지 않아요. '내가 한다. 이건 중요한 일이다' 같은 생각 자체를 하지 않고 '그냥' 해요.

이것이 이완의 놀라운 점이죠. 근육의 이완은 마음의 이완으로 이어져서 심적인 안정감을 줘요. 그러면 뭐든 잘할 수 있는 환경이 되죠. 그런 경험을 하다 보면 억지로 힘을 내려고 하거나 '힘을 내야 할 텐데……' 하면서 걱정하는 일이 불필요하다는 사실을 알게 됩니다. 잘하려는 마음을 빼고 가도 괜찮고, 힘주면서 해야 하는 줄 알았던 일은 그냥 해도 되며, 오히려 그럴 때 자기답게 할 수 있다는 걸 이완하며 스스로 깨달아요.

모든 명상은 일단 몸-마음의 이완을 이끌어요. 마음이 편안해지고 몸이 부드럽지만 활력이 넘치게 됨으로써 힘든 과제가 쉬워질 수 있답니다.

쾌락이 온다

예전에 즉흥 춤을 배우는 한 친구가 너무 재미있다는 거예요. 즉흥 춤의 매력이 뭐냐고 물었더니 갑자기 귓속말로 "섹스하는 것 같아"라고 답하더군요. 섹스 이야기만 나오면 동공이 커지는 게 사람 심리죠.

"어째서?"

이렇게 물었지만, 설명하기 어렵다는 듯 입술을 삐죽 내밀고 어깨를 으쓱하더라고요.

그 이야기는 잊어버리고, 몇 년이나 지나서 우연히 즉흥 무브먼트 워크숍에 참여했어요. 알고 보니 유명한(!) 남자 무용수와 파트너가 되었어요. 함께 즉흥적으로 계속 움직였는데, 끈적한 터치가 전혀 없었는데도 예전에 그 친구가 한 이야기가 무엇인지 이해가 되더라고요.

마치 한 사람이 된 것처럼, 본능적으로 호흡에 따라서 일어나는 예기치 않은 그러나 굉장히 부드럽게 허용되는 둘만의 어떤 흐름이 생겨요. 짧지 않은 시간 동안 함께했는데, 1초 1초 생생하게 깨어 있었죠. 춤이 이런 형태라면 몇 시간을 출 수도 있겠다 싶었어요.

흐름, 몰입감, 이완, 깨어 있음, 합일됨……. 이런 요소는 섹스에서 기대하고 충족되는 것들이죠. 섹스는 어째서 강렬한 감각적 쾌락을 주나요? 그 쾌락의 한가운데에 몸-마음의 깊은 이완이 있기 때문이에요.

가장 강렬한 감각적 쾌락은 사실 추구하던 것을 모두 포기하고 몸 전체를 이완할 때 일어난다. (……) 대부분의 사람에게 이러한 이완은 필요로 하던 대상을 얻은 후에만 일어난다. 그러나 밖에서 뭔가를 추구하기보다 이완해서 자신의 유기체를 경험하는 것을 배운다면 쾌락의 경험이 내재되어 있다는 것을 이완된 상태에서 발견할 것이다.

-《요가를 통한 심리치료》, 스와미 아자야

요가로 경험하는 깊은 이완 역시 즉흥 춤, 즉흥 무브먼트, 그리고 섹스와도 닮았는지 몰라요. 다만 그 쾌락이 타인이나 어떤 상황이 충족되었을 때가 아니라 내재해 있음을 안다는 점이 다르죠. 또한 처음엔 달콤하지만 끝에는 독이 묻어 있는 쾌락과 다른 정신적 쾌락을 주죠. 이 쾌락은 사람을 더 큰 갈망으로 빠뜨리지 않고 햇볕 좋은 곳으로 건져 올려요.

이완을 잘하면 대단한 행복을 경험할 때와 비슷한 상태가 됩니다. 그 누구도 부럽지 않은, 내적 만족감이 올라오니까요. 첫 책《마음이 헤맬 때 몸이 하는 말들》에서 지금 당장 행복해지라고 하면 사람들이 어떻게 해야 할지 모르기 때문에 몸-마음을 이완해서 행복을 경험하게 한다는 원리로 설명했어요.

요가는 몸을 통해서 마음까지 이완하는 움직이는 명상법이에요. 몸-마음을 이완하면 저절로 건강해지고, 집중력도 높아지며, 정신력도 강해집니다.

명상으로 몸-마음을 이완하면 새로운 발견도 하기 쉬워요.

'나는 왜 이렇게 살지?'

자신의 현재를 돌아보면서 삶의 본질을 생각하게 됩니다. 이상하죠? 이완하면서 삶의 본질에 대해 생각한다니, 전혀 기대하지 않았던 효과지요. 삶의 본질 같은 말은 어디까지나 철학의 영역이잖아요. 왜 몸을 이완했는데 마음도 이완이 되고 나중에는 '왜 사느냐' 같은 철학적인 질문이 이어지느냐, 저는 이것이 몹시 궁금했어요. 사실 너무 자연스럽게 일어나는 일이라서 이완을 잘하는 사람도 이를 명확히 설명하진 못하더군요. 아니, 굳이 설명할 필요를 못 느낀 게 아닐까 싶어요.

아마도 이런 프로세스 같아요. 이완으로 행복함, 감각적이고도 정신적인 쾌락을 느낄 수 있기 때문에 행복이나 만족이 이미 내 안에 있다는 걸 알게 돼요. 행복해지기 위해서 뭔가를 막 추구하는 그림이 아닌 거죠. 그래서 '내가 무얼 위해 열심히 사나?', '추구하는 게 결국 무엇인가?', '지금 추구하는 게 있다면, 그럴 만한 가치가 있는가?' 같은 질문이 따라오는 거예요.

'이미 행복이 내 안에 있고 그것을 꺼낼 수 있는데, 나는 무엇을 하고 있지? 무얼 하면 좋을까?'

이런 질문이 다가올 수밖에 없어요. 그러면 삶의 우선순위를 재배열하고 싶은 욕구가 들어요. 중요하지 않은 것은 좀 뒤로,

중요한 것은 앞으로, 좀 더 많이. 아니 삶의 우선순위라고 하면 굉장히 단위가 크니까, 작게는 오늘 하루의 우선순위를 재배열하게 돼요.

누굴 만날 것인가, 무엇을 먹을 것인가, 어디를 갈 것인가, 무엇을 배울 것인가, 무얼 하고 놀 것인가 등. 아마도 하루의 우선순위가 생긴다면, 그런 하루들이 쌓여서 시간을 만들어갈 때 인생길이 조금씩 달라지겠지요. 만나는 사람, 이벤트, 공부, 생활방식 등이 그 삶 속으로 끼어들어서 여러 색깔을 만들어낼 거고요. 그러니까 몸-마음의 이완에서 출발한 일이 삶의 색깔을 바꿀 수도 있어요.

상쾌한 컨디션을 유지하게 된다

명상의 역할은 첫째 몸-마음의 이완, 둘째 깨어 있기예요. 그중 몸-마음의 이완을 칭하는 이완 반응Relaxation Response은 우리에게 내재된 자가 치유 수단이죠. 심신 치료의 선구자로 불리는 하버드 의대 허버트 벤슨 박사는 이완 반응으로 질병의 80퍼센트 정도를 치료할 수 있다는 연구로 학계를 놀라게 했어요.

우리 몸은 스트레스를 받으면 혈압이 높아지고 숨이 가빠지며, 심장 박동이 빨라지고 근육의 혈액량이 늘어나서 신진 대사율이 증가하는 생리적 반응이 나타납니다. 그런 일이 잦으면 고혈압, 심장마비, 뇌졸중 같은 긴 그림자가 생기죠. 스트레스의 본질은 몸-마음의 통제력을 앗아가는 거예요. 어쩔 수 없이 당해야 하는 것으로 각인되어 사람을 무기력하게 해요.

몸-마음을 이완하면 자가 치유 시스템에 불이 켜지는 것과 같아요. 보통 몸이 으슬으슬하다가도 푹 자고 나면 낫잖아요. 잠이 최고의 이완 반응을 끌어내기 때문이에요. 우린 밤마다 천연 치료제를 복용하는 셈이지요.

한창 일할 시간에도 몸-마음을 잘 이완한다면 이 같은 효과를 기대할 수 있어요. 낮잠을 잘 잔 것 같은 가뿐한 컨디션을 유지하게 됩니다.

똑똑해진다

2001년 미국의 신경과학자 마커스 라이클이 아무것도 하지 않을 때의 뇌 사진을 찍어봤어요. 그 결과 사람이 아무것도 안 할 때조차 뇌는 열심히 에너지를 쓰면서 활동한다는 사실을 발견했어요. 바로 뇌의 특정 부위인 '디폴트 모드 네트워크Default Mode Network, DMN'가 활성화되고 있었지요.

이 DMN은 행복과 건강, 창의성을 높여주는 회로로 밝혀졌어요. 그러니까 문제를 해결하느라 뛰어다니지 않고 그저 쉴 때, 뇌는 셔터를 내리고 휴식합니다. 이는 마치 프로그램이 과부하로 멈춰버렸을 때 컴퓨터를 재부팅하는 것과 같아요. 보통 재부팅하기 전에 버벅거리는 프로그램을 강제로 종료하죠.

풀어야 하는 문제들에 둘러싸여 꼼짝할 수 없을 때, 오히려 멈추어봅니다. 스마트폰이나 업무 등으로 방해받지 않고, 오감의 자극이 거의 없는 환경에서 DMN 부위가 활성화되도록 가만히 내버려 두는 거예요. 이를 밖에서 보면 아무것도 하지 않고, 휴식하는 것 같겠지요. 그러나 마음의 관점으로 보면 이때 비로소 마음이 자기를 들여다봅니다.

명상은 열렬하게 아무것도 안 하는 상태 같지만, 명상에 빠진 사람은 자기 내면의 거친 바다를 마주하는 거예요. 이 바다를 지켜보고 생생하게 느끼는 일이 뇌를 건강하고 창의적으로 세팅해줘요. 새로운 아이디어는 그 파도에서 튀는 물방울이나 입술로 흘러들어 온 짭짤한 바닷물에 담겨 있는 거고요.

깨어 있게 된다

한번은 전철에서 충격적인(!) 장면을 본 적이 있어요. 그것도 바로 옆에서요. 이어폰을 낀 한 청년이 제 옆에 서 있다가 무거웠는지 가방을 벗더라고요. 그러고는 전철의 선반에 올려놓으려고 가방을 든 두 팔을 위로 뻗었어요. 옆에서 지켜보던 저는 깜짝 놀랐죠.

'이 사람 지금 뭐 하는 거지?'

요즘 전철에는 선반 없는 칸이 많잖아요. 봉 하나만 연결돼 있죠. 청년은 팔을 위로 뻗더니 가방을 선반에 올려놓았다고 생각했는지 팔을 거두었어요. 당연하게도, 가방은 그대로 떨어져서 그 아래 앉아 있는 젊은 여성을 덮쳤습니다. 다행히 그 여성은 몸을 앞으로 숙이고 있어서 머리를 다치지는 않았어요. 신경질을 내긴 했지만요.

청년이 너무 오랜만에 전철을 탔거나 한국을 오래 떠나 있다가 돌아왔을 수도 있죠. 몸이 기억하는 대로 익숙한 행동이 튀어 나왔다고 한다면요. '전철에는 늘 선반이 있으니까'라는 과거의 데이터에 따라 행동하기보다는 지금 선반이 있는지 먼저 살폈어야 하지 않을까요?

저는 그 청년이 눈을 뻔히 뜨고도 그렇게 하는 모습에서 충격을 받았어요. 이어폰을 끼고 있어서 정신이 딴 데 팔려 있었겠지만, 그래도 눈은 뜨고 있었고 자기 팔 방향을 보고 있었거든요. 명상가들이 아마 이 장면을 봤다면, 살짝 흥분했을 거예요. 알아 차리지 않고 행동하면 이런 일이 벌어진다는 써먹기 좋은 예시가 될 테니까요.

치매 노인을 돌보는 봉사활동을 하는 사람이 주변에 있어요. 그분 이야기를 듣다가 비슷한 사실을 알았어요. 중증 치매 환자는 밥도 먹여줘야 하고 옷도 입혀줘야 하는데, 가끔 정신이 돌아오면 스스로 조금 하기도 한대요. 그런데 몸이 기억하는 행위만 아는 경우가 있대요. 예를 들어 치약을 칫솔에 묻혀서 주면 이게 뭐 하는 물건인지 몰라서 손에 마냥 쥐고 있대요. 그런데 치약과 칫솔을 함께 주면 치약을 짜서 칫솔에 묻히고는 입으로 가져간다는 거예요. 양치질이라는 행위를 기억하는 거죠. 살면서 하루에 두 번씩 했다고 쳐도 여든 살이면 5만 번은 더 했던 행동이니까요.

전철에서 가방 올려놓기나 치약 짜서 칫솔에 묻히기 같은 행동은 눈 감고도 할 수 있을 만큼 익숙한 일이에요. 그러면 실제로 눈을 뜨고도 감은 채로 하는 것과 마찬가지예요. 일테면 눈 뜬 장님이 되는 거죠.

무엇을 보든 무엇을 하든 깨어 있어야 하는데, 깨어 있기가 어렵다는 얘기입니다. 우린 그저 몸에 박힌 대로, 익숙한 방향대로 움직이며 사는 습관의 동물이니까요.

명상에서는 알아차림, 깨어 있음, 마음챙김 같은 말들이 엄청나게 중요해요. 사실 아무리 강조해도 지나치지 않을 만큼 중요하죠. 눈을 뜨고 보아도, 눈이 아무리 좋아도, 눈에 마음이 가 있지 않으면 보이지 않기 때문이에요. 시간이 있다면, 방금 문장을 한 번 더 읽어도 좋아요. '봐야지' 하고 주의를 기울일 때 비로소 마음이 눈으로 갑니다.

지금 여기에 깨어 있다는 건 뭘까요? 전철에 선반이 있는지 보고 가방을 올려놓는 일을 말해요. 말을 할 때 내가 무슨 말을 하고 있는지 아는 걸 말하죠. 한 생각이 떠오를 때 그 생각이 떠올랐다는 사실을 아는 거예요(물론 여기서 훨씬 더 깊이 들어가지만, 시작은 그거예요). 화가 날 때 화가 찾아왔다는 사실을 아는 일을 말해요.

앎으로써 무엇을 발견할까요? 우선은 경험을 건너뛰면서 자꾸 '그다음'을 외치며 어디로 달려가려 하는지 차분히 바라볼 수 있어요. 그러면 눈을 감고도 감은 줄 모르고 살지 않게 되죠. 명상을 하면 세상에 아무것도 아닌 일은 없고, 일상 행위 자체의 감각부터 살아나게 되어 있어요. 명상은 '깨어 있으려고' 하는 겁니다.

3장

명상할 때
필요한 것들

패러다임의 변화가 일어나기 위해서는
현재의 패러다임에 오류가 있음을
아는 것으로는 충분하지 않다.

토머스 쿤

나 자신으로부터
도망가기

호안 미로의 '나 자신으로부터 도망가기'라는 드로잉이 있어요(오래전 기억이라 제목이 정확한지는 모르겠네요). 몇 가닥의 선으로만 된 미니멀한 작품인데, 친구와 미술관에서 보면서 동시에 "오!"하며 감탄사를 연발했지요. 그때는 둘 다 20대 초반이었고, 자기 길을 찾아야 한다는 압박감과 불안감을 남몰래 끌어안고 있었어요.

그 그림은 유명하지 않아서 지금 되살리려면 기억을 더듬어야 해요. 화면 가득 한 사람이 어딘가로 달리는 듯한데, 꿀렁대는 선의 느낌만은 생생합니다. 그 사람은 울상을 하고 도망치고 있어요. 우리의 자화상처럼 말이에요.

'나 자신을 찾는다.'

이런 이야기 많이 합니다. 그건 나를 잃어버렸다는 거잖아요. 나는 어디에 있죠? 나는 누구예요? 언제나 가장 알기 어려운 주제는 나 자신이에요. 눈을 감고 내 얼굴을 한번 떠올려보세요. 내 얼굴인데 뚜렷하게 그려지지 않아요. 살면서, 아니 오늘 하루만 해도 거울을 얼마나 많이 봤는데 말이에요. 참 이상하지요? 반대로 다른 누군가 한 사람을 떠올려보세요. 그 사람은 나보다 선명하게 보여요.

왜일까요?

나에게는 집착과 애정, 애증이 덕지덕지 붙어 있기 때문에 제대로 못 보는 거예요. 그러니 나를 살면서도 나를 잘 모르는 거죠. 어쩌면 모른다는 사실조차 모를 수도 있고요.

일단은 나 자신을 바로 보기는 어렵기 때문에 제쳐두고, 멀리서 타인의 삶을 한번 볼까요? 여기에 서른다섯 살 정도 되는 타인이 있다고 쳐요. 그 사람의 삶을 나이별로 5~6단계로 나눠보죠. 학생 시절은 이럴 거예요.

아이는 시험을 걱정하느라 놀면서도 잘 놀지 못해요. 또 공부할 땐 놀이터가 생각나서 괴로워하죠. 그 아이가 어찌어찌 학교에 학교를 거쳐서, 나름대로 분투하며 청년이 됩니다. 그 뒤는 어떤가요? 이제 그 청년은 '취직만 하면 뭐라도 할 텐데'라고 생각해요. 우울하게 지냅니다. 그런데 막상 취직을 하면? '이 회사만 나가면 뭐라도 할 텐데'를 고민하죠.

청년은 마음의 번뇌가 심해서 선방에 찾아가요. 그런데 선방에 들어서면서부터 바깥세상이 떠올라요. 거기서 애써 번뇌를 지우고 회사로 돌아옵니다. 그런데 그 순간부터는 선방의 고요함을 그리워해요.

또다시 '종일 일만 하는 게 아니라면 뭐라도 할 수 있을 텐데'라고 생각하다가, 프리랜서가 돼요. 그러면 놀랍게도 '일이 들어와야 뭐라도 할 텐데'를 읊으며 딴짓을 합니다.

결혼하기 전에는 '나는 결혼이 왜 이렇게 어렵나?'를 심각하게 고민하다가, 막상 결혼을 하면 '결혼이 꼭 필요했을까?'를 생각합니다. 잠시 뒤에는 '싱글로 있었다면 뭐라도 했을 텐데……' 하며 착잡해하죠.

무얼 발견하셨나요? 자기 인생인데 늘 초점이 맞지 않아요. 이런 상황은 이후의 삶에도 계속되지요. 나 자신으로부터 계속 도망 다니는 거예요.

마술사가 쓰는 트릭 같아요. 마음의 주의를 다른 데 돌려, 지금 삶에서 무슨 일이 일어나는지를 계속 보지 못하게 하는 거예요. 그래서 여기 있으면서도 계속 다른 곳을 쳐다보느라 중요한 것을 못 봐요. 이것은 인류의 삶에서 놀라운 비밀 중 하나랍니다!

명상은 나를 만나는 일이지요. 나에게서 도망가지 않고 화내지 않고, 어떻게 나를 만날 수 있을까요? 명상할 때 필요한 것(도구와 태도)에 대해 생각해봅시다.

○

도구:
지켜봄

요가 수업 중에 선생님이 일상적으로 하는 멘트가 있어요. 그냥 지나칠 만한 아주 사소한 말이죠.

"○○를 보세요."

요가 동작을 할 때 코끝, 손끝처럼 시선을 어디에 두라고 지시합니다. 이를 드리시티drishiti(응시점)라고 해요. 드리시티에 관한 지시어는 너무 단순하고 일상적이어서 그 의미를 따로 생각하지 않아요. 그런데 너무너무 중요해요. 원래 진짜 중요한 것들은 잘 보이는 곳에 아무렇게나 있잖아요. 길가의 꽃이나 나무들, 아이들처럼 말이죠.

드리시티를 굳이 왜 이야기할까요? 동작을 하는데 어딜 보는 게 왜 중요할까요?

보통 드리시티 지시어는 이렇습니다.

(타인을 보고 있으면) "나를 보세요."
(거울로 자기 모습을 보고 있으면) "안을 보세요."
(멍하게 두리번거리면) "한곳을 보세요."
(몸이 둔해서 느낌을 못 찾아 아리송한 표정을 지으면) "마음으로 보세요."
(뚫어지라 보고 있으면) "부드럽게 보세요."

하나씩 살펴볼까요?

(타인을 보고 있으면) "나를 보세요."

잘하는 사람을 보면 자극이 되지만 또 남들보다 잘되면 기분이 좋지만, 비교 기준 자체를 밖에 두지 말라는 거예요. 잠깐 한눈팔면 사람 심리가 이기고 지는 게임으로 빠지기 때문에 그럴 시간에 너 자신에게 집중하라는 거예요.

(거울로 자기 모습을 보고 있으면) "안을 보세요."

나 자신의 모습을 보면서 동기부여를 잘하고 있는데 왜 그러나 싶겠지만, 자칫 겉모습에만 마음을 뺏길 수 있거든요. 카페에서 친구와 마주 앉아서 이야기할 때 내가 마주한 쪽에 거울이 있으면 함께 나누는 이야기나 친구에게 집중이 덜 돼요. 건너편

거울에 비치는 내 모습과 표정에 자꾸 눈길이 가니까요.

내 겉모습에 마음이 머물면, 그저 바뀌어가는 '라인'이나 붙어가는 '근육'에 취하기 쉬워요. 그것도 과정이고 즐거운 일이지만, 기왕이면 몸을 움직이면서 마음까지 다듬어가는 게 더 좋겠지요. 우리 마음은 안보다는 바깥에 머물기를 더 좋아하니까요.

(멍하게 두리번거리면) "한곳을 보세요."

이건 분산된 마음을 모아보라는 거예요. 근육 운동만 하지 말고, 어딘가에 마음을 두는 연습을 하라는 거죠. 그래야 마음이 그나마 거기 조금이라도 머물 수 있어요.

(몸이 둔해서 느낌을 못 찾아 아리송한 표정을 지으면) "마음으로 보세요."

잘 모르는 부분이 있을 때 '이게 맞나, 틀리나?', '뭐가 맞는 거지?' 하며 자꾸 판단하게 되지요. 그런데 분야가 무어든 간에, 맞는지 틀리는지 적정선이 어디인지를 알기란 어려워요. 아마 시간이 오래 쌓이면서 천천히 밝아질 겁니다. 그러므로 묻고 따지는 사이에 마음이 들뜨기 쉬우니 일단은 그 마음을 탁 내려놓으라는 거예요.

(뚫어지라 보고 있으면) "부드럽게 보세요."

해내고야 말겠다는 결연한 의지는 살면서 쓸 일이 많아요. 하지만 나를 위한 시간까지 채찍을 휘두를 필요는 없어요. 또 '틀렸다' 또는 '더 잘해라' 이렇게 판단하지 않아도 괜찮아요. 판단 없이 지그시 부드럽게 보면 됩니다.

이렇게 써놓고 보면 정말 별것 아닌 말인데, 범상치 않아요. 여기에 명상의 핵심이 다 들어 있거든요.

"나를 보세요."
"안을 보세요."
"한곳을 보세요."
"마음으로 보세요."
"부드럽게 보세요."

이 지시어는 내 삶에 초점을 맞추는 기본 도구가 될 겁니다. 남들의 삶, 남들에게 받는 피드백 쪽으로 기울어 마음이 출렁출렁할 때마다 '시선이 어디 있나'를 점검해봐야 합니다. 또 악다구니를 쓰고 있을 때 '부드럽게 보고 있나' 하고 따뜻하게 마음을 돌려봐야 해요. 이 '지켜봄'은 명상의 가장 기본적인 도구입니다.

태도:
판단하지 않고 친절하게

몽테뉴는《수상록》에서 이렇게 말했어요.

"곧은 노도 물 안에서는 굽어져 보인다. 우리가 무언가를 본다는 사실만 중요한 것이 아니라 그것을 어떻게 보느냐도 중요하다."

사실 '어떻게 보느냐'는 굉장히 철학적인 질문이에요.

앞에서 지켜봄이라는 명상의 도구를 이야기했어요. 아마 약간 모호한 부분도 있다고 느껴질 거예요.

'그래, 지켜본다고 쳐. 근데 내가 제대로 보고 있는지는 어떻게 알지? 곧은 노를 굽은 것으로 보고 있으면?'

이 부분은 좀 어렵습니다. 수련 경험이 많은 여러 스승은 이야기하지요. 기본적인 명상 훈련이 적어도 5,000시간은 되어야 망상에 빠지지 않고 자기 마음을 이로운 방향으로 잘 관찰하게 된다고요.

그러니 지금은 어떤 태도로 보면 좋은가를 좀 더 생각하는 편이 낫습니다. 앞서 말한 드리시티에 관한 내용을 잘 이해했겠지만, 덧붙이고 싶은 것이 있어요. 미리 이야기하자면 친절한 태도로 지켜보자는 내용입니다. '친절한 태도'라고 하면 앞의 내용까지 다 아우를 수 있을 것 같아요.

인류학자 클로드 레비 스트로스는 《슬픈 열대》라는 책을 이렇게 시작하죠.

"나는 여행이란 것을 싫어하며, 또 탐험가들도 싫어한다. 그리고 지금 나는 내가 했던 탐험에 대한 이야기를 시작할 참이다."

지구에서 가장 깊숙한 곳까지 탐험하고 여행했던 인류학자의 첫 문장은 이토록 모순적이에요. 만약 제 삶을 써본다면, 그 첫 문장 또한 상당히 모순적일 거예요.

"나는 친절이란 것을 싫어하며, 또 친절해 보이는 사람들도 의심한다. 그리고 지금 나는 나에게 했던 친절에 대한 이야기를 시작할 참이다."

사람 일이란 참 알 수 없어요. 제가 자기 수용이라는 글을 쓰고 있다니 말이에요. 저는 사람들을 따끔하게 하는 말을 잘할뿐더러 자신에게는 더욱 심하게 그래왔어요. 똑똑한 회의주의자로서의 역량을 타고났답니다. 오히려 그렇기 때문에 이 친절이 얼마나 중요한지 이야기할 수 있나 봐요. 자신을 함부로 판단하지 않고 친절하게 대하는 자체가 내면을 얼마나 평화롭게 하는지를 말이죠.

저 같은 회의주의자들은 '칭찬은 고래도 춤추게 한다' 같은 말을 좀 못마땅해합니다. 칭찬은 왜인지 닭살이 돋아요. 또 '러브 유어셀프' 같은 말도 그다지 좋아하지 않아요. 이런 생각이 꼭 뒤따르거든요.

'말은 참 좋은데……'

실제 행동으로 하기가 너무 어렵다는 뜻이에요. 진심으로 자신을 칭찬하고 사랑할 줄 아는 사람은 세상에 별로 없어요. 많이 받아본 적도 없는 그것은 도대체 어떻게 하는 거죠? 칭찬해야 한다, 사랑해야 한다 등 뭔가를 어떻게 해야 한다고 하면 지나치게 애를 써야 해요. 애써야 하는 일은 지치기 쉽죠.

그러니 그저 나를 친절하게 지켜보면 어떨까 합니다. '내가 또 이러고 말았어!' 하고 자기를 호되게 야단치거나 비아냥거리려 할 때 자신을 작은 아이라고 생각하고 조금 친절한 어른이 하듯이 대해주는 거죠. 맞다 틀리다를 판단하지 않고 말이에요. 실수를 해도 '앗!' 하고 부드럽게 웃어주는 식입니다. 어린아이가 넘어졌을 때 바보같이 왜 넘어졌느냐고 혼내기보다는 괜찮다며 따뜻하게 웃어주는 게 어른이잖아요.

그러므로 판단 없이 친절하게 나를 지켜보는 연습을 해나갈 거예요. 지금은 이것만으로도 충분합니다.

나는
잘 지내고 있나?

힐링 업계에 있다 보니 아픈 사람을 자주 대해요. 어딜 가나 아픈 곳을 이야기하는 사람들을 만납니다. 처음에는 근육통 등으로 이야기를 시작하지만, 나중에는 우울증·화병·갱년기장애·불안장애 등 마음의 질병이 자연스럽게 연결되어 나와요. 몸-마음은 동전의 양면과 같아서 대개는 같이 아플수밖에 없으니까요.

그중에는 "우울증인 것 같아요", "다시 사춘기가 왔나 봐요", "스트레스가 좀 심해서요" 등과 같이 모호한 질병도 참 많아요. 어떤 아픔은 진단명조차 없어요. 여러 병원을 전전한 다음 어떤 의사도 속 시원히 답을 내주지 못한다는 걸 알고서야 이런 병은 스스로 고칠 수밖에 없다는 걸 깨닫기도 해요.

사람들은 '왜 아플까?' 하고 궁금해합니다. 그 답은 내가 나를 아프게 했기 때문인 경우가 많아요.

"아니, 내가 나를 아프게 한다고요?"

"내가 나를 그렇게 다루면 아프게 된다는 걸 몰랐을 테니까요."

"내가 나를 어떻게 대했는데요?"

"그건 내가 모르죠!!"

자, 이건 가상의 대화예요. 그러나 치료사의 솔직한 이야기이기도 합니다. 내가 나를 어떻게 대하는지 알아야 치유가 시작되니까요. 내가 나를 어떻게 대하는지 모르면 아프기 쉬워요. 반대로, 내가 나를 어떻게 대하는지 알아가면 아픔이 나을 수 있죠.

내가 나에 대해서 모른다니, 언뜻 이해하기 어려운 말이에요. 다들 자신을 어느 정도 보고 있다는 착각 속에 살거든요. 하지만 나에게 어떤 방어기제가 있는지, 어떤 습관과 욕망과 충동이 잠재해 있는지는 진지하게 살펴보지 않아요. 그래서 자기 마음을 잘 보기 전에 머리로 먼저 통제하려 들어요.

A 씨는 명상을 하게 된 이유를 이렇게 이야기했어요.

"제가 회사에서 일이 좀 많거든요. 팀장님이 나가시고 사람을 더 안 뽑으면서 일을 제가 다 맡고 있어요. 너무 피곤하고 힘든데 최근에는 뒷말이 돌더라고요. 그걸 듣는 순간에 너무 억울해서⋯⋯. 요새는 일하다가도 숨이 턱턱 막혀요."

억울하다는 감정이 숨을 턱턱 막는답니다. 숨은 쉬어야죠. 힘든 감정에 휩싸이면 숨을 잘 못 쉴뿐더러 지혜가 숨어버려요. '어'라는 말을 '아'라고 알아듣고, '노랑'을 보면서도 '초록'이라고 생각하죠. 인지 왜곡이 여간 심해지지 않아요. 지혜는 바로 보고 바로 듣는 자체거든요.

우선은 "머릿속에 숨 쉴 공간이 필요해"라고 말합니다. 생각할 틈을 마련해야 해요. 생각을 공간이라고 여겨보세요. 우선 '쓰레기가 꽉 찬 집을 청소한다, 머릿속 나만의 빈방 하나를 갖는다, 거기서 편안하게 쉬고 싶다'라는 바람을 품어봅니다.

좋은 생각이든 나쁜 생각이든, 좋은 감정이든 나쁜 감정이든, 그것들은 일단 다 쓰레기일지 몰라요.

'왜 나한테 이런 일이 일어났지?'
'지금 나는 너무 억울해!'
'도대체 뭐가 잘못됐지?'
'사람들이 나를 어떻게 보겠어!'
'어떻게 나한테 이럴 수 있어?'

지금 나는 일어난 사건을 보면서 부들부들 떨고 있어요.
이제는 바깥으로 향해 있는 카메라를 나 쪽으로 휙 돌려봅니다. 거기서부터 시작이에요.

나의 하루
다큐멘터리 찍기

오늘은 카메라가 나를 따라다닙니다. 오로지 내가 어떻게 지내는지를 '매우 건조한' 다큐멘터리로 찍습니다. 출연자가 슬퍼한다고 하더라도 다큐멘터리 감독은 카메라를 끄고 함께 앉아서 울지 않아요. 그냥 찍죠. 특별히 슬프게 연출할 필요도 없고, 유쾌하게 지내는 모습만 담을 필요도 없어요. 그냥 '나'라는 출연자를 마음의 카메라로 따라다니세요.

앞에서 명상의 도구는 '판단 없이 친절하게 지켜봄'이라고 했잖아요? 내가 나를 보는 카메라는 이렇게 작동시킵니다.

밥은 먹는지, 잠은 자는지, 앉아 있는지, 서 있는지, 이야기하는지, 버스를 타는지 그냥 보는 거예요. 침묵 속에서 따라다니는 마음의 카메라. 오늘 하루는 내가 어떻게 지내는지 떠오를 때마다 보는 것으로 충분합니다. 내 생각이 아니라 내 겉의 행위만 따라다닌다는 점을 기억하세요. 아직 내 내면이 아니에요.

이 작업이 지적인 분석 과정으로 빠지지 않기 바랍니다. '아까 왜 그런 행동을 했을까? 그게 내게 의미가 있을까?' 하고 깊이 빠지지 말기 바랍니다. 오늘 하루가 다 끝나고 잠깐 돌아볼 때는 괜찮지만요.

이 책에서 계속해서 나오는 '지켜본다', '자기를 관찰한다'는 대부분 지적인 의미를 찾는 과정이 아니에요. 사유의 과정이 아니란 뜻이에요. 걸을 때 걷는 걸 알고, 가방을 어깨에 걸칠 때 어깨에 걸쳤음을 알고, "네, 대리님 알겠습니다"라고 할 때 "네, 대리님 알겠습니다"라고 말하는 자신을 지켜보고 있다는 뜻이지요.

오늘 하루는 카메라가 나를 따라다닙니다. 그 사실이 문득 떠오를 때마다 내가 무얼 하고 있는지 보면 됩니다. 아마도 너무 바쁘게 정신없이 지내는 사람에게는 하루에 몇 초쯤 물러나서 보는 시간이 생길 거고요. 나 자신이지만 조금 낯설게 느껴지는 순간도 있을 거예요. 이는 나에 대한 메타인지를 길러가는 과정입니다. 즉, 조금 위에서 나를 바라보는 거지요.

내가
나의 의사

예전에 심리학자와 책을 진행한 적이 있어요. 원고를 읽고 나서 저자에게 심각하게 이야기했죠.

"선생님, 저⋯⋯ 이 원고에 문제가 있어요. 사람들 아픈 얘기만 계속 나오고 솔루션이 별로 없어요."

"솔루션이요? 자기 문제를 아는 게 치료인데⋯⋯?"

"아, 알기만 하면 된다⋯⋯."

그때는 알면 사랑한다는 말처럼 알면 치료된다는 말을 마냥 멋있는 비유쯤으로 이해하면서 넘어갔어요. 그 말을 정말 깊이 이해하지 못했죠. 업을 확장하고 나서야 그 원리를 이해하고 있어요. 자기 몸-마음을 잘 알면 된다는 무척 심플한 사실을 말이죠.

물론 잘 아는 일은 어렵답니다. 게다가 안다고 해서 갑자기 통증이 뚝 끊어지지도 않고요. 다만 '알면' 마음의 괴로움은 사라져요. 어째서 그럴까요? 자기가 원인을 알기 때문에 또 자기 책임이 어디에 있는지 살피기 때문에, 피해자처럼 마냥 억울해하거나 몰라서 불안해하며 자기를 괴롭히지 않거든요.

자각, 스스로 알아차리는 것은 그래서 중요하답니다. 보통 분노에 싸여 있는 사람은 자신이 지금 분노에 빠졌다는 걸 모르고, 우울증에 빠진 사람은 자신이 우울함에 갇혀 있다는 걸 몰라요. 술에 취한 사람이 절대 안 취했다고 하는 것처럼 말이죠. 자각하지 못하는 거예요. 만약에 자신이 지금 분노에 들끓고 있고, 우울함에 먹혀버렸고, 이미 만취했다는 것을 스스로 안다면 엄청나게 후회할 일은 막을 수 있죠.

또 소소하게 후회될 일도 건너뛸 수 있어요. 스스로 알아차리는 순간에 안전벨트가 채워지니까, 절반은 조절된 것과 다름없거든요. 언제나 나를 지켜봄으로써 나를 치료할 수 있어요. 나는 나의 선생님이자 최후의 의사라는 사실을 기억해야 해요.

나의 디테일
관찰하기

오늘 하루는 어제 켜둔 카메라를 같은 방식으로 작동시킬 거예요. 그런데 조금 다른 점이 있어요. 첫날에는 내가 어떻게 지내는지 겉의 행위만 쓱 봤어요. 이번에는 조금 디테일을 더해보려고 해요. 내가 나를 어떻게 대하는지 관찰하기입니다.

어제는 내면이 아닌 행위만 큰 그림으로 따라갔죠. 오늘은 내면을 아주 조금만 볼 거예요.

"그거 어떻게 됐어?"

상사의 질문에 "네, 그분이랑 통화는 잘 했고요"라고 답하면서도 속으로는 뭐라고 중얼거리고 있다면, 뭐라고 하는지를 그저 들어봅니다. '출근하자마자 이럴 줄 알았어'라든지 '오늘은 또 내가 타깃인 건가?'라든지 '나는 왜 이렇게 칠칠치 못하지?' 등. 그저 들어봅니다. '내가 이런 말을 하고 있구나' 하고 알면 돼요.

무언가를 먹다가도 '나에게 어떤 음식을 주고 있네'라고 알아차려 보세요. '몸에 나쁜 거 먹네', '살찌는 거 먹네', '많이 먹네' 이런 소리가 들려도 '이런 생각이 일어나는구나' 하고 그저 들어봅니다.

이런 식으로 어떤 사람과 무슨 말을 하며, 빈 시간에는 주로 무얼 하는지, 어떤 미디어를 보고 있는지, 어떤 생각을 자주 하는지를 틈틈이 봅니다.

이번에 카메라는 겉으로 드러나는 행위만 찍는 게 아니에요. 내가 보는 것, 말하는 것, 먹는 것, 이야기하는 것, 이따금 생각하는 것을 조금 디테일하게, 그러나 여전히 건조하게 담아내면 돼요.

'내가 이런 말을 나한테 계속하는구나.'

'이런 음식을 내게 먹이는구나.'

'이렇게 소리 지르는구나.'

'남들한테 웃어주는구나.'

'인스타그램에 들어가는구나.'

'기분 나빴던 말은 계속 곱씹는구나.'

마치 타인처럼, 그가 어디 가서 누구와 있고, 무슨 말을 하고, 무슨 생각을 하며, 밥을 어떻게 먹고, 옷을 어떻게 입고, 청소를 어떻게 하고, 속으로 자꾸 뭐라고 구시렁대는지 보세요. 비난도

칭찬도 하지 않고 지켜봅니다. '나는 왜 이런 선택을 하는 거지?'
라며 깊게 들어가서 분석하지 마세요. 단순하게 알아차리는 훈련
을 합니다.

오늘 하루 '문득' 떠오를 때마다 나를 관찰해보는 거예요. 그저
흥미롭게, 나의 디테일에 대해서요.

하루 세 번
명상에 빠지기

저는 집에서 일어나 앉기도 귀찮아 거의 누워 있는 사람이에요. 그러나 명상하려 하면 갑자기 좀이 쑤셔 엉덩이가 들썩거리고 막 돌아다니고 싶어져요. 저처럼 종잡을 수 없는 사람들은 다음 세 가지 자투리 시간을 활용해보세요. 아무리 바쁘고 정신없는 사람에게도 이 세 가지 자투리 시간은 적어도 하루에 한 시간 이상 생기거든요.

이동할 때

"운전할 때는 혼자라서 좋지. 이런저런 생각을 정리할 수 있거든."

운전하는 분들은 이런 이야기를 많이 하지요. 그런데 생각 정리도 좋지만, 그 생각을 위에서 바라보는 일도 재미있어요. 생각 정리를 하고 있는 나와 생각 자체의 속성을 보는 일 말이에요.

저는 전철 환승할 때가 명상하기 좋은 시간입니다. 명상으로 마음이 깨끗해져서 기쁘다는 게 아니에요. 제 복잡한 내면이 그대로 보이는 것 같거든요. 환승하는 사람들 무리가 우르르 지나가듯이, 제 머릿속에서는 온갖 쓸데없는 생각이 좌로 우로 정신없이 돌진합니다. 제 내면이 전철 환승 통로와 같다고 느끼곤 해요.

그런데 환승 통로가 그러하듯, 이 많은 사람은 금세 다 지나가죠. 한 사람도 통로에 가만히 머물러 있지 않아요. 생각의 속성은 언제나 어딘가로 간다는 거예요. 게다가 무척 바쁘게 말이죠. 어떤 생각도 결국에는 다 흩어지지, 그 자리에 머물러 있지 않아요. 한차례 그러고 나면, 다음 전철이 오고 또 새로운 승객이 내리고, 그들은 또다시 좌로 우로 돌진하며 지나가겠지요. 아마도 종일 그럴 겁니다.

'생각은 언제나 복잡하다. 너무 바쁘고 중요한 듯이 움직인다. 그러나 결국 사라진다.'

이동 중에는 내 생각의 우르르 몰려감, 흩어짐, 사라짐을 관찰합니다. 생각을 따라다니는 게 아니고, 흩어지는 승객처럼 제 생각을 떨어뜨려 바라봅니다.

계속 맴도는 생각이 있다면, 누가 붙잡고 있는 걸까요?

지금 무슨 생각 하세요?

머리만 닿으면 바로 곯아떨어지는 사람은 아주 복이 많아요. 많은 사람이 몸은 고단한데 뒤척거리다 잠이 들거든요. 아마도 몇 년 후에 저는 불면증에 관한 책을 쓸지도 모르겠어요. 이미 불면증과 잠에 관한 이야기는 책 한 권 분량으로 쌓여 있답니다! 제가 부지런히 책을 낸다면, '저 사람은 아직도 불면증에 시달리는군!' 이렇게 생각해도 될 거예요.

저처럼 쉽게 잠들지 못하는 사람들은 잠들기 위해 도움을 받아요. 제 주변에도 백색소음 유튜브나 명상 앱을 이용하는 분들이 많더군요.

무엇이 나를 잠들지 못하게 할까요?

유난히 잠들지 못하는 밤에 마음을 주의 깊게 관찰해보면, '잠들고 싶다 vs. 잠들기 싫다'라는 두 의지가 충돌하고 있다는 사실을 발견할 수 있을 거예요. 오늘 하루 무엇이 부족했나요? 무얼 더 했더라면 잠을 허락했을까요? 잠들기 전에는 '이걸로 충분했다, 잘했다'라고 해줘야 합니다. 이렇게 속말로 해도 좋지만, 몸의 언어로 해주면 더 좋지요.

잠들 때 하면 좋은 명상이에요.

편하게 누워서 눈을 감습니다. 숨을 몇 번 깊이 쉬어요. 그러고는 아주 안전한 바닷가에 누워 있다고 생각하세요. 부드러운 햇

살, 잔잔한 파도, 고운 모래. 당신은 그곳에 보드랍고 화사한 천을 깔고 누워 있습니다. 바람도 잔잔하게 불어오고, 파도 소리만 아주 낮게 들려옵니다.

머리 꼭대기에서부터 마음의 눈으로 바라봅니다.

온몸에 힘을 빼고 마음의 눈으로 머리를 보세요. 느낍니다. 바람이 머리칼을 조금 흔들어요. 바람에 따라 머리가 점점 가벼워집니다. 머리가 점점 흐려지다가 천천히 사라져요.

이마도, 눈썹도, 눈도 천천히 사라집니다.

코와 인중, 두 귀, 두 뺨, 윗입술, 아랫입술, 턱이 하나씩 사라집니다.

하나씩 사라질수록 더 가벼워집니다.

이제 오른쪽 어깨가, 오른쪽 팔이, 오른손이……, 가슴이, 배가, 허리가, 엉덩이가, 허벅지가……, 오른발 새끼발가락이 점점 가벼워지다 천천히 사라집니다.

이제 몸은 사라졌어요. 텅 비었어요. 이 모든 과정을 나는 지켜봅니다.

이제 내 몸은 없어요.

지켜보는 나는 누구인가요?

내 몸을 하나씩 지워 가볍게 하는 이 명상은 《염처경》의 한 부분을 간단하게 응용한 것입니다. 《염처경》은 몸을 명상의 도구로 삼은, 보기 드문 초기 불교 경전이에요. 몸이 끝내는 허공으로 흩어지는 무상한 것임을 느끼면, 내가 부리는 욕심에서 놓여나고 나는 좀 더 가벼워질 거예요. 내 몸에 집착도 덜 하게 되고요.

마음의 힘과 창조력은 대단해서 마음은 온갖 환영을 순식간에 만들기도 하고, 또 주의를 거두면 사라지게 할 수도 있지요. 잠들기 전에는 마음의 힘으로 내 몸을 천천히 지워보세요. 서두르지 않고 머리부터 발끝까지 세세하게 지워갈수록 더 편안해지고 더 가벼워집니다. 마지막에는 지켜보는 시선 하나만 덩그러니 남아 있겠지요. 시선만 남아 있다, 이를 아는 게 중요해요.

씻으면서

씻으면서는 감각을 알아차리는 명상을 하기 좋아요. 물줄기가 몸으로 떨어지면, 그 물줄기가 몸을 타고 내려가는 느낌을 알아차리려고 해보세요. 비누 향이 어제와 같을 거라고 짐작하지 말고, 오늘의 비누 향은 어떤지 알아보기 위해 코로 주의를 가져갑니다. 샤워기 물줄기 소리는 지금 어떻게 들리나요?

아마도 생각이 뜨거운 김처럼 피어올라 샤워실 가득 뿌옇게 채울 겁니다. 언제나 생각은 뻔한 물줄기나 유치한 비누 향보다 더 중요한 것 같지요. 그래서 '이렇게 감각에만 주의를 기울이는 게 무슨 도움이 되나?' 이런 생각도 피어오를 거고요. 아마 익숙한 대로, '몸아, 너는 씻어라. 나는 딴생각을 할 테니'라고 하고 싶을 거예요.

그러나 감각에 훨씬 깨어 있으려고 해보세요. 촉감, 소리, 냄새, 물의 맛, 살의 색을 좀 더 잘 느껴보고 들여다봅니다.

감각도 이렇게 튜닝이 필요해요. 내 감각이 하나하나 잘 깨어 있는지 마음을 기울여서 닦아갑니다. 감각을 닦았는데 묘하게도 생각이 멀끔하게 닦여 있을 거예요. 또 온몸도 깨끗해져 있겠지요. 뇌는 이렇게 할 때 하루 중에서 가장 깊은 휴식을 취할 수 있습니다. 뇌신경까지 닦은 셈이에요!

* 지금까지 한 세 가지 명상 과제는 워밍업입니다. 그러나 운동을 할 때 그렇듯이 워밍업이 가장 중요하고, 그것만 잘해도 일상에서 자잘한 고민이 흩어져요. 이 훈련만 계속해도 아주 좋습니다.

* 처음에는 나를 판단 없이 지켜보는 게 힘들 수 있어요. '내가 이렇게 형편없는 인간이었어? 왜 이렇게 유치한 생각을 하지? 너무 산만한데?' 온갖 생각으로 불편할 수도 있어요. 그렇지만 누구나 다 똑같답니다! 그러니 취약한 나를 친절하게 보자는 거예요. 그렇게 볼 수 있다면, 나를 진짜 위하는 일이 무엇인가를 알아보고 있다는 뜻입니다. 이런 자각은 일상 명상의 첫걸음이자 가장 기본이 되는 스텝이에요.

4장
·
몸
지켜보기

평정심으로
고통을 마주하는 법을 배우면
그 고통은 사라진다.

S. N. 고엔카

본래의 나를
찾아가는 여정

어르신 요가 수업을 한 적이 있어요. 어머니들이 다들 너무 순하고 좋았는데, 그때 '어쩌면 저렇게 다 비슷하실 까?' 이런 생각을 했어요. 사람마다 성격과 외모, 몸에 쌓인 내력 이 다르지만 희한하게도 특유의 움직임, 말씨, 매너가 너무 비슷 했거든요. 어머니들은 어떤 작은 일에도 피드백을 바로바로 하면서 매우 유하게 받아들여요. 그런데 그게 지나쳐서 어딘가 집 중하지 못하고 산만하다는 공통점이 있더군요. 수업 중에도 작 은 소리가 나면 웃고 서로 이야기하고 그래요.

그런가 하면 이따금 한둘씩 들어오는 아버지들은 하나같이 너 무 완고해요. 말을 잘 못 알아듣고 자기 마음대로 하는 편이죠. 이것도 공통된 태도였어요. 그러니까 나이 들수록 엄마들 쪽이 산만함이라면 아빠들 쪽은 완고함을 강화해가는 게 아닐까, 혼자 생각해봤어요.

나름대로 이유를 추리해봤어요. 엄마라는 역할이 작고 사소한 일에 신경 쓰면서 지시하고 선택하는 일이 많으니까 '그건 그거야, 이건 이거고' 하면서 상황마다 본인이 다 관리하려는 습관이 들잖아요. 그러다 보니 자기가 몰입해야 하는 상황에서도 마음을 모으기가 어려워요. 자기 페이스를 잃고 소중한 시간에 급하지 않은 피드백을 하게 되죠.

이런 습관은 몸이 기억해요. 주의력이 약하고, 마음이 몸에 잘 붙어 있지 않는 습관이 생겨요. 몸과 마음의 연결이 곧 치유 과정인데, 치유의 반대쪽으로 가는 거예요. 엄마라면 '오롯한 자기 시간 갖기'가 다른 사람들보다 더욱 중요합니다. 일종의 미션이 되어야 해요.

또 아빠들은 다른 방식으로 주의해야 하죠. 그분들은 밖에서 일할 때 입는 옷을 집에서도 계속 입고 있어요. 엄마들이 상황에 너무 열려 있어서 언제나 곧바로 피드백을 하는 습관이 든다면, 아빠들은 감각 자체를 닫아버려요. 조직에서 입는 제복과 자신이 한 몸이 되어간다는 걸 스스로도 잘 몰라요. 〈스타워즈〉의 다스 베이더처럼 그 안에 사람이 있는지도 모르는 딱딱한 제복만 남죠. 나중에야 "I'm Your Father"라고 하죠.

남자가 여자보다 유연성이 떨어지는 이유 중에는 이런 마음의 방향성도 크게 작용하지 않나 싶습니다. 그래서 아빠들은 제복을 벗고 감각을 허용하면서 말로도 소통하는 '인간적인 시간'을 가져야 해요. 그게 미션이 되겠죠.

몸을 보면 저 사람은 어떤 문화 속에서 마음을 놓치며 사는지가 보여요. 몸에는 건강 상태는 물론이고, 직업이나 성격, 최근의 스트레스 정도가 고스란히 새겨지거든요. 몸은 삶의 내력과 그 사람이 어떤 문화 속에서, 어떤 태도로 살아가는지를 다 기록하고 있어요.

그러므로 '전형성을 극복한다', '삶의 태도를 좋게 한다', '내 몸을 치유한다'는 어쩌면 똑같은 말이 아닐까 합니다. 본래의 자신을 되찾아가는 여정인 거예요. 다른 상황이나 요인으로 물들기 전의 마음자리, 상처가 아문 몸, 온전한 나로 돌아가는 일 말이에요. 알아차리지 않으면 손쉽게 전형성 속으로, 산만한 태도 속으로, 완고한 태도 속으로, 불건강한 상태 속으로 딸려 들어가고 말지요.

알아차릴수록
바른 몸이 되어간다

     문장에 민감한 사람들은 뜻만 따라가며 훅 읽지 않아요. '뜻만 통하면 오케이'가 아니죠. 문장에 조사가 알맞게 쓰였는지, 주어와 술어는 호응하는지, 논리가 제대로 전개되는지, 참신한 표현은 어느 부분인지 자기도 모르게 짚어가며 읽어요. 글을 읽을 때 잘 알아차리죠. 그런데 글과 친하지 않거나 주의 깊게 보지 않는 사람들은 논리가 좀 엉성하고 중언부언하며 주어가 빠져 있어도 알아차리지 못해요. 낱말과 낱말 사이에서 마음을 놓치고 마는 거죠.

     몸도 그래요. 몸을 잘 안 쓰던 사람이 요가 동작을 하면, 마음을 놓치기 쉬워요. 이때 만든 동작은 엉성한 문장과 비슷하지요. 골반의 균형이 맞는지, 어깨가 반듯한지, 가슴이 펴졌는지, 발뒤

꿈치에 힘이 있는지 등을 예민하게 알아차리지 못해요. 그렇다고 그것이 잘못됐다는 뜻은 아닙니다. 자기를 자유롭게 하는 글쓰기, 몸 쓰기는 언제나 옳아요! 다만 어떻게 하면 더 민감하게 알아차리고, 깊이를 가질 수 있느냐가 좋은 질문이지요.

예전에 무척 들어가고 싶었던 출판사에 채용 공고가 났어요. 그런데 자체적으로 영어 시험을 본다고 적혀 있는 거예요. 놀라운 영어시험 성적표를 갖고 있는 후배에게 '혹시나' 해서 물어봤어요.

"일주일 만에 영어 잘하는 법 없어?"

"없어요!!"

저는 혼이 났습니다. 하긴 저한테 누가 "일주일 만에 몸 잘 쓰는 법 없어?"라고 물었다면 저 역시 숨도 안 쉬고 "없어!"라고 혼내줬을 거예요. 세상만사 왜 이리 냉정할까요? 그저 어깨를 으쓱할 따름입니다.

어쨌거나 문장이든 몸이든 영어든, 잘 다루고 싶으면 시간이 쌓여야 해요. 그것도 잘 알아차리는 시간이 말이에요. 잘 알아차리는 시간이 늘면 어디 가서 신묘한 비법을 배우지 않아도 바른 것, 좋은 것이 무엇인지 저절로 알게 돼요. 그러면 바르고 좋은 것을 스스로도 취하게 되지요. 마치 다독가가 알아차리며 많이 읽다 보니 저절로 바른 문장을 알게 되듯이, 신실한 요기는 알아차리며 몸을 많이 쓰다 보면 저절로 바른 몸이 되어가죠. 언뜻 당연한 말 같지만, 통상의 생각과는 좀 거리가 있지요.

'몸을 바르게 하려면 어떻게 해야 하지?'라는 궁금증이 들 때, 보통은 이렇게 생각하기 쉽지요.

'바른 몸이 어떤 몸인지 배워서 연습하면 될 걸?'

'문장을 바르게 쓰려면 어떻게 해야 하지?'라는 궁금증에는 이렇게 생각하고요.

'바른 문장이 어떤 문장인지 배워서 연습하면 될 걸?'

그런데 실제로는 좀 더 알아차리면서 읽어가면, 그 시간이 쌓일수록 조금씩 바르게 되어갑니다. 배운다 연습한다가 따로가 아니라, 배운 다음 연습한다가 아니라, 그냥 해나갈 뿐이며 단지 할 때 잘 알아차리려고 하면 그만이에요. 그러면 천천히 좋은 방향으로 되어가는 거죠. 결과는 맡기는 거예요.

아, 저는 이 서너 문장을 깨우치는 데 제법 긴 시간이 필요했어요. 물론 이걸 깨우쳤을 뿐이지, 행위로써 삶에서 알아가는 건 긴 숙제입니다만. 아무튼 이런 가르침은 저에게 혁명적이어서 저의 탐구 주제가 되었고, 책마다 계속 담아내고 있습니다. 이는 아는 게 곧 치유, 잘 지켜보는 게 변화라는 말과도 맥을 같이해요. 그러니까 일상에서 허둥지둥하면서 안 된다고 화내고 있을 때, '아, 길을 잘못 들었구나' 하고 돌아와야 하죠. 그럴 때 저는 저 문장의 말들을 기억해내려고 합니다.

　이야기가 잠깐 곁길로 샜군요. 결론은 이거예요. 내 몸을 잘 알 아차릴수록, 그러길 자주 할수록 바른 몸이 되어간다는 겁니다!

몸 구석구석
알아차리기

생각에 끌려다니면 몸 감각이 둔해져요. 글쓰기는 생각을 따라다니는 일이기도 하잖아요. 제가 글쓰기에 빠져 있으면 몸 감각에 한 꺼풀 두 꺼풀 어떤 막이 생기는 느낌이 듭니다. 요가 수련에서도 바로 티가 나요. 참 신기하죠? 온종일 생각을 따라다녔다면, 감각 위로 덮인 막을 좀 걷어내 봅시다.

편안하게 힘을 뺀 채, 숨을 몇 번 깊이 쉽니다. 충분히 편안하다고 생각하면 몸 전체를 한 덩어리로 느껴봅니다.

지금 몸이 닿아 있는 곳을 느낍니다. 엉덩이와 의자라든가, 등과 바닥이라든가, 마루와 발바닥이라든가. 몸이 닿아 있는 곳과 그 부분을 하나하나 느껴보세요. 내 몸이 지금 여기 존재하고 있습니다.

지금 목덜미는 어떤 느낌인가요? 숨을 마시고 목덜미 쪽으로 숨을 내쉬세요. 머릿속에 목을 이미지로 그리지 말고, 단지 느낌으로만 숨을 마시고 내쉴 때 목덜미로 보내세요. '별 느낌이 없는데'라는 생각이 들면 '그렇구나' 하고 지켜보는 일에서 주의를 놓치지 않습니다. 공기와 맞닿는 느낌, 옷과 접촉되어 있는 느낌, 서늘한지 따듯한지도 민감하게 느끼세요.

머리부터 발끝까지 숨을 활용해서 한 부위, 한 부위의 느낌을 알아차려 봅니다. 감각이 흐린 부위가 있을 수도 있고, 왼쪽과 오른쪽이 다를 수도 있어요. 억지로 감각을 만들 필요는 없고, 오로지 예민하게 느껴보세요. 호흡은 편안히 계속 함께합니다. 하고 싶은 만큼 하되, 돌아올 때는 지금의 깊은 안정감과 평화로움을 기억한 다음에, 숨을 깊이 쉬고 천천히 내쉬면서 눈을 뜨고 돌아오면 됩니다.

이 과정은 이완 반응을 끌어내서 그 자체로 스트레스를 줄여주고 면역력도 높여줍니다. 건강만이 아니라 자각 능력을 높여주는 효과가 있어요. 만약 오른쪽 허벅지 뒤 엉덩이에서 10센티미터 아래처럼 내 몸이지만 별로 주의를 둔 적이 없는 곳을 느껴보면, 지금의 내 몸을 더 미세하게 알아갈 수 있어요. 머릿속에 있는 개념의 몸이 아니라 지금을 경험하는 몸을 알게 되지요. 이 과정으로 자기 몸을 세세하게 알아차리는 것은 물론이고, 이완하면서 가뿐한 느낌까지 얻을 수 있어요.

살아온 태도를
다시 보며

　　예전에 학생 중에 20대인데 유방암 수술을 한 친구가 있었어요. 몸이 굉장히 유연하고 건강해 보였는데, 유방암 수술을 했고 아직 환자라고 너무나 밝게 이야기해서 깜짝 놀랐어요. 그 학생은 요가를 받아들이는 감사함이 보통의 수강생과 달랐어요. 본래가 유연하고 몸의 감각이 깨어 있기도 했지만, 아마도 건강을 잃어보면서 그 나이 또래에는 전혀 가질 수 없는 몸에 대한 진지함과 솔직함, 책임감, 겸손함 등이 생겨난 건 아닌가 싶었습니다.

　　아무튼 20대 암 환자라는 틀에 스스로를 가두지 않고, 열린 태도를 보여서 무척 인상 깊었어요. 저도 병에 걸린다면 꼭 저런 태도를 유지하고 싶다고 생각했죠. 제가 요가 동작 몇 가지를 가르쳐준 것에 비하면, 그는 훨씬 더 큰 걸 제게 가르쳐주었어요.

그런가 하면 병에 대해서 물음표를 남기는 학생도 기억이 나요. 항암 치료를 끝내고 온 중년의 학생이었어요. 그는 쉬엄쉬엄 하라고 해도 너무나(!) 열심히 하고, 그러다 자주 다쳤고, 늘 별로 즐기지 못했어요. 마치 네가 이기나 내가 이기나 해보자는 태도로 요가를 했죠. 아마도 의사 선생님이 "요가 같은 걸 꾸준히 하셔야 합니다"라고 했던 모양이에요. 성실하고 좋은 분인 건 틀림없지만, 조금 안타까웠어요.

살아온 날들이 그분에게 '더 열심히 해라. 자신을 넘어서라' 같은 메시지를 던져주었나 봅니다. 아마 일도 무척 열심히 하지 않았을까 싶어요. 이제는 투병을 또 하나의 목표로 삼고 이기려는 의지를 내는 것이겠죠.

그런 의지가 뭉클하고 매우 귀한 것임은 분명해요. 하지만 병이란 무엇일까요? 병은 삶에 어떤 작용을 하나요? 병이 오면 자기가 줄곧 유지해온, 살아온 태도를 다시 보면 좋겠지요. 굳센 의지를 가진 사람이라면 그 좋은 것을 이제는 '어떻게', '어떤 방향으로' 쓸지를 새로이 바라보는 식으로 말이에요.

건강한 몸-마음을 유지해야 하지만, 병이란 예기치 않게 문득 찾아올 수 있어요. 누구라도 그렇죠. 그러므로 중요한 건 절대 병에 걸리지 않는 게 아니고, 병에 걸리더라도 어떤 태도를 유지하며 잘 살아가느냐가 아닌가 합니다.

몸에게
감사 인사 하기

저도 유방암, 갑상샘암, 자궁암 같은 여성 호르몬 관련 암 이야기만 나오면 걱정하는 마음이 올라와요. '나도 혹시?'라는 두려움에 마음이 흙탕물로 변하기도 하죠. 한 생각이 일어나는 게 마음 보기에서는 이렇게 중요하답니다.

컨디션이 좀 좋지 않은 날에 이런 두려움이 올라오면, 검색 키워드를 바꿔가면서 '나도 혹시?'의 확증 편향을 이어가요. 더욱이 저희 어머니가 갑상샘암 환자이시기에 제가 성격과 체형과 체질이 닮았다는 정황, 불면증 등이 떠오르면 좀 무서워집니다.

병에 대한 불안감을 키우기란 너무 쉬워요. 오히려 넘치는 건강 정보가 불안감을 더 증폭시키기도 합니다. 물론 병이 오지 않을 환경을 만들고 있는지는 돌아보아야 하죠. 그렇지만 아무리 잘 체크한다고 하더라도 나도 모르는 요인으로, 내가 어리석어서 찾아오는 병이 있다는 사실은 받아들여야 합니다.

언제나 가장 중요한 건 몸에 감사하는 마음이에요. 병에 걸렸더라도 또는 건강하더라도 변함없이 말이에요. '감사하기'는 지금 내가 나에게 할 수 있는 가장 유익한 일이에요. 병에 대한 불안감이 생기는 날에는 몸에게 미안한 마음과 감사한 마음을 전할 기회입니다. 아마도 누구나 몸에게 미안한 일도 많고 감사한 일도 많을 테죠.

먼저 몸을 편안히 하고, 마음의 눈으로 몸의 어디에 불편감이 있는지 느껴보세요. 긴장하고 있는 곳은 나에게 들려줄 이야기가 많은 곳이죠. 일단은 숨을 내쉴 때 그 부위로 숨을 내보내 봅니다. 숨을 깊이 마시고 내쉴 때 그 부위로 숨이 나가요. 한 번, 두 번, 세 번 천천히 숨 쉬면서 느낌을 관찰해요.

그 부위는 무엇 때문에 불편감이 생겼을까요?

최근에 무리해서 터져 나온 고통인가요?

아니면 물려받은 체형이나 체질 때문인가요?

아니면 어떤 오랜 습관이나 성격이 이 고통을 만들었나요?

그 불편감은 얼마나 오래되었죠?

정확한 원인을 찾지 못해도 괜찮아요. 아마도 여러 원인, 그러니까 최근의 상황이나 타고난 것, 습관들이 얽혀 있겠죠.

이제는 지금 내가 해줄 수 있는 것을 해줍시다. 불편한 부위 쪽으로 계속 주의를 두세요.

숨을 마실 때 "고마워", 내쉴 때 "사랑해"라고 말합니다.

마음을 담아서 다시 숨을 마실 때 "고마워", 내쉴 때 "사랑해"라고 말합니다.

고맙고 사랑하는 대상을 불편한 부위에서 시작해서 몸 전체로 확대해갑니다.

몸에게 깊은 고마움과 사랑을 전해봅니다.

몸에 잠시 머무는
여행자

티베트어로 몸은 '뤼'다. 그것은 수화물처럼 '사람이 떠난 뒤에 남는 것'을 뜻한다. '뤼'라고 말할 때마다 티베트인들은 인간이란 이 삶과 육신에 잠시 머무는 여행자일 뿐이라는 사실을 상기하게 된다.

−《티베트의 지혜》, 소갈 린포체

우리는 삶과 몸에 잠시 머무는 여행자예요. 특별한 일이 없다면 한 80년쯤 머물렀다 떠날 몸, 떠날 삶이죠.

여행자들은 태도가 어떠한가요? 가볍고 열려 있죠. 일상에서는 상당히 꽉 막힌 사람도 여행지에서는 훨씬 더 너그럽고 부드러워지잖아요. 왜일까요?

이곳 사람들과 잘 사귀어서 어떻게 해야겠다, 잘 보여야 한다, 내 것을 챙겨야 한다 같은 욕심을 부리지 않아서가 아닐까 싶어요. 그래서 순수한 호기심, 현재를 즐기는 마음, 친절함이 자연스럽게 우러나와요. 밥벌이와 얽혀 있지 않은 낯선 사람에게 우린 더 친절하잖아요.

만약 우리가 '내 몸에 머무는 여행자'가 된다면, 몸을 조금 더 친절하게 대할 것 같아요. 내 몸이니까 내 마음대로 하려고 안달하지도 않을 거고, 감각적 쾌락에 빠뜨리지도 않을 거예요. 좀 더 편안하고 열려 있겠죠. 어느 정도 기분 좋은 거리를 두려 할 겁니다.

많은 수행자는 자기 몸이랑 기분 좋은 거리감을 유지하고 싶어 해요. 물론 쉽지 않지요. 감각적 쾌락은 너무 달콤하니까요. 소박한 현미밥보다 치즈 케이크가 더 맛있고, 금욕보다 탐닉이 더 즐겁죠. 저도 순간순간 동공이 흔들리고 입술이 벌어지면서 '에라 모르겠다. 이게 사는 맛이지' 할 때가 많아요. 고백하자면 요새는 밀가루로 만든 음식을 너무 먹고 있어요. 마감을 할 때는 꼭 이렇게 되고 마네요.

다만 수련자라는 페르소나는 쾌락을 즐기다가도 문득 '쾌락을 즐기는 게 진짜 행복인가?' 하고 의심을 품게 해줍니다. 더 세련된 옷, 더 안락한 집, 더 맛있는 음식⋯⋯. 감각적으로 더 즐거워지고자 하는 욕망은 매우 세밀하게 발전해가요. 그것은 끝이 없죠. 욕망은 커다란 구멍을 갖고 있어서, 결코 채워지지 않는 속성이 있어요.

저는 신상 옷을 택배로 받는 순간 이미 흥미가 떨어지기도 합니다. 입어보고 나쁘지 않으면 입고 다니지만, 그 옷에 대한 흥미는 잃어요. 옷을 받자마자 만족감이 떨어지기 시작하는 거예요. 인터넷에는 늘 더 좋은 옷들이 있고 신상은 수시로 업데이트되니까요. 이것으론 왠지 부족하다는 느낌에 시달려요. 언제나 가장 좋은 옷은 아직 사지 않은 옷이죠. 그래서 결제 버튼을 누를 때 얻는 감각적 쾌락이나 만족은 유효기간이 너무 짧아요.

몸에 잠시 머무는 여행자라는 생각은 '오래가는 행복'이 무엇인지 질문하게 해요.

여행자는 가볍게 다녀야 하잖아요? 언제나 이민용 캐리어를 끌고 다닐 수는 없죠. 배낭여행을 하는 사람이라면 짐이 가볍고 어디에 머물든 만족할 수 있어야 해요. 그러면 욕구를 조금 줄이는 데서 오는 행복을 배우게 되지요. 이때 얻는 행복은 더 좋은 쾌락을 누려서 얻는 것보다 결코 작지 않아요. 오히려 더 크죠.

아직도 네팔의 어느 사원에서 묵을 때, 따듯한 양동이 물 하나로 샤워했던 날을 잊을 수 없어요. 길을 잃었는데 날은 이미 저물었고, 저는 무섭고 많이 지쳐 있었어요. 갑자기 기온이 뚝 떨어져 감기 기운도 있었고요. 불빛이 보이자 거의 눈물을 흘리다 시피 하며 무작정 들어갔어요. 말이 하나도 통하지 않는 이국의 사원이었어요. 그럼에도 어린 사미승과 순한 개가 저를 따듯하게 맞아주었지요.

두 평도 안 될 것 같은 행랑채로 가서 배낭을 내려놓고 앉아 있는데, 사미승이 곧 뜨거운 물 한 양동이를 가져다주더군요. 종일 너무 많이 걸어 땀에 절었고 머리도 감아야 하는 상황인데, 이 긴 머리를 감고 샤워를 하기에는 따듯한 물이 너무 적어 보였어요. 하지만 대안이 없었어요. 일단 이곳에 온 것만으로도 저는 구조된 상황이었으니까요.

그날 했던 샤워는 지금까지 살면서 했던 어떤 샤워보다 개운한 기억으로 남아 있어요. 욕조에 따듯한 물을 받아놓고 펑펑 쓰면서 하던 집에서의 샤워 또는 고급 호텔이나 온천에서 했던 어떤 샤워보다도 말이에요. 이런 충만감이 겨우 이 양동이 하나만큼의 따듯한 물이면 되는 것이었나, 놀라웠죠.

지금 이 조건밖에 선택할 수 없을 때, 내가 너무 지쳤을 때, 무조건 감사히 받아들여야 할 때 오히려 작은 것에도 행복해져요. 참 이상하죠. 더 많은 감각적 쾌락이 충족될수록 더 만족을 느껴야 하는데, 한계가 분명히 있는 상황에서 아주 작은 위안에 더 감동하고 행복해진다는 사실이 말이에요.

행복은 외부적인 게 아니고 바로 내 상황이 어떠한가에 달려 있어요. 내가 욕심에 강하게 사로잡혀 있을 때는 비싸고 훌륭한 서비스를 받더라도 단지 그것을 평가나 할 뿐이에요. '난 이만한 능력이 되는 사람이니까', 아니면 '여기는 돈만큼 하네'라며 자존심을 세우는 데 흡족한 기분을 써버리죠. 그런 좋은 기분을 고작 자존심 하나 채우자고 쓰기엔 너무 아깝지 않은가요? 지친 여행자가 받은 양동이 하나만큼의 감동은 어디에 있을까요?

몸이 누리는 쾌락이 모자란다고 느낄 때, 가난한 여행자의 마음을 떠올려봅니다. 몸-마음이 가난해야 진짜 행복을 만날 수 있나 봐요. 재정 상태와 상관없이 몸-마음은 언제나 가난을 유지할 줄 알아야 이로운 것 같습니다. 내가 내 몸을 돌볼 때 가장 중요하게 여겨야 할 부분이 이 점이 아닐까 해요.

'나는 몸-마음이 가난한 여행자로 살고 있는가?'

스마트폰의 침묵

몸-마음이 가난하다는 건 쾌락에서 떨어져 나올 줄 안다는 거예요. 쾌락을 참으며 극복한다기보다 거기서 초연해져 보는 거죠. 쾌락이 마치 내 주인처럼 나를 끌고 다니지 않도록 쾌락에서 자유로워지기 위해서예요. 저는 수많은 쾌락 중에 스마트폰이 주는 쾌락에 꼼짝 못 하곤 합니다.

《마음이 헤맬 때 몸이 하는 말들》에서 인터넷을 끊고 한 달 이상 살아본 이야기를 잠깐 했어요. 그 뒤로는 그렇게 길게 해보지 못했는데요, 조만간 디지털 디톡스 주간을 마련해볼 참이에요. 최근 유튜브를 많이 봤는데 너무 졸린데도 손에서 폰이 안 떨어지는 기괴한 경험을 했거든요. '시간이 아까워서'라면서 시간을 그렇게 허투루 쓰고 있더라고요.

이 지루해함을 불교심리학에서는 '화'로 봅니다. 계속 외부 대상에 시선을 돌리고 허기를 느끼는 일은 '나에게 주의를 둘 만한 가치가 없어, 나와 시간을 보내기 싫어'라고 자신에게 화내는 것과 같아요.

선禪에 '회광반조廻光返照'라는 말이 있어요. 제가 좋아하는 말입니다. 바깥에 있는 마음을 안으로 돌려 본래의 자신을 비춘다는 뜻이에요. 진리는 밖에 없고 내 안에 있다는 말도 되지요. 나는 무엇에 헐떡이며 무엇을 그렇게 좇고 있을까요?

오늘 하루는 스마트폰과 잠시 멀어질 거예요. 집에 와서 스마트폰을 꺼둡니다. 텔레비전이나 노트북, 탭, 패드 모두 안 돼요. 책도 치웁니다. 명상센터나 템플스테이에 가면 흔히 거치는 과정이지요. 과연 스마트폰의 침묵이 마음의 침묵으로 이어질까요? 無재미의 재미를 발견할 수 있을까요? 한 달에 하룻밤쯤 이런 '도전의 시간' 어떠세요?

5장

·

호흡
지켜보기

삶은 지금 이 순간이다.
당신의 인생이
지금 이 순간이 아니었던 적은
한 번도 없었으며,
앞으로도 그럴 것이다.

에크하르트 톨레

긴 호흡

학생 한 분이 온종일 너무 바빴대요. 그런데 오후에 갑자기 목덜미가 당기면서 숨을 못 쉬겠더래요. 그만 자리에 주저앉았는데, 문득 웬만한 일상의 통증은 심호흡하면 사라진다고 한 제 이야기가 생각났다고 합니다. 무서운 생각이 몰려왔지만, 정신 차리고 깊게 천천히 숨을 쉬었대요. 얼마나 지났을까 통증이 사라졌다고 해요. 그분으로서는 꽤 신기한 경험이었고, 저에게 고맙다고 했습니다. 저야 급할 때 숨을 깊이 쉬면 좋다는 말을 지나가듯 했을 뿐인데 말이죠.

사람들이 흔히 물어봅니다. 호흡을 어떻게 하는 거예요? 특별한 호흡법이 있나요? 저는 복식 호흡이나 흉식 호흡, 이런 설명을 잘 하지 않아요. 비법보다는 그저 천천히 숨 쉬라고 합니다.

그거면 됐죠.

숨을 천천히 쉬려고 하면 숨을 깊게 쉬게 되고, 숨이 어깨를 들썩들썩하며 쉬기보다는 좀 더 아래까지 내려가게 되죠. 물론 호흡과 관련된 가슴과 어깨 근육이 굳어 있거나 고관절이나 복부의 힘이 좋지 않으면 숨을 천천히 쉬기 어려울 수 있어요. 하지만 어디까지나 지금의 내 몸에서 조금 좋아지는 걸 목표로 합니다. 그 조금들이 쌓여서 많이 좋아질 수 있거든요. 호흡 역시 처음에는 뜻대로 안 될 수 있지만, 평소보다 천천히 숨 쉬다 보면 근육도 길이 있어서 점점 이완될 것이고 힘도 키워질 겁니다.

이 천천히 깊게 숨쉬기는 근육의 통증에만 좋은 게 아니에요. 가슴이 쿵쾅거리는 놀랄 만한 일에도 효과가 좋지요. 호흡을 천천히 하다 보면 정신이 차려지니까요. 근육 측면, 감정적인 측면 모두 호흡을 잘하면 좋아질 수 있죠.

동양의 수련은 모두 호흡에서 출발합니다. 몸의 균형도 마음의 조율도, 또 몸과 마음의 연결도 호흡을 잘 알아차리고 하면 가능해요. 호흡이 어떻게 그처럼 대단한 역할을 할까요?

호흡과
스트레스

생명이 살아가는 자체는 자율신경계의 작용 덕분이에요. 호흡, 심장 박동, 혈압 조절, 소화 등은 의지 없이(대뇌의 직접적인 영향 없이) 알아서 움직이죠. 사실 '아, 사는 게 힘들어'라고 생각하지만, 자율신경계의 작용으로 지금도 생명을 이어가는 데에는 내 의지가 거의 개입되지 않아요. 그러니 착각하지 말아야 합니다! 내가 땅이 꺼질 듯 한숨 쉬는 순간에도 몸은 자율적으로 나를 살리기에 여념이 없으니까요. 오로지 나의 음울한 생각이 몸의 생기를 쏙쏙 앗아갈 뿐이에요.

그런데 자기 의지로 자율신경계를 컨트롤할 수 있는 영역이 있어요. 이 연구 결과가 발표되면서 서양의학계가 발칵 뒤집히기도 했죠. 원래 자율신경계는 인간이 컨트롤할 수 없다고 알려져 왔는데, 요가 수행자를 대상으로 실험했더니 그렇지 않다는 결론이 나왔어요. 여기서 연구를 더 해보니까 호흡을 천천히 하면 심장 박동이 느려지고, 뇌파 사이클도 느려진다는 사실이 밝혀졌어요. 깊은 호흡으로 부교감신경계가 활성화된 거죠.

자율신경계는 세 축으로 되어 있어요. 교감신경계, 부교감신경계, 장신경계가 그것이에요. 이 중에서 스트레스의 반응과 처리는 교감·부교감신경계만으로 설명할 수 있어요. 교감신경계와 부교감신경계의 두 축은 상호작용(길항작용)합니다. 시소처럼 한쪽이 올라가면 한쪽이 내려가요.

교감신경계는 스트레스 상황에서 흥분합니다. 그러면 투쟁-도주 반응Flight-or-Fight Response이 일어나죠. 교감신경계가 만성적으로 각성되면 '반드시 할 수 있다, 해야 한다'라는 마음을 갖게 됩니다. 스트레스를 받으면서도 역경을 이겨내고 뭔가를 극복하며 달려가는 일상의 시스템이 만들어져요. 이에 따라 소화불량, 대장염, 면역력 저하, 심혈관 질환, 내분비계 관련 질환 등이 생길 위험이 커지죠.

여기에는 정신 작용도 영향을 미쳐요. 우선은 편도체가 민감해져요. 편도체는 위협에 대처하는 반응을 하고 암묵기억(무의식적 경험)을 만들어요. 그런데 편도체가 민감해지면 기억을 왜곡하고 특성불안(상황과 관련 없이 계속되는 불안)을 과장하고 강화합니다. 이와 함께 해마 활동을 억제하죠. 해마는 명시기억(의식적 경험)을 형성하는 일을 해요. 새 뉴런이 자라는 드문 곳 중 하나죠. 그런데 스트레스 상황에서는 코르티솔과 당질 코르티코이드 호르몬이 해마의 시냅스 연결을 약화해 새로운 기억을 방해해요.

간단히 말하면, 스트레스를 받아서 교감신경계가 각성되면 편도체가 민감해지고 해마의 기능이 약해진다는 얘기예요. 그러면 과거의 나쁜 기억에 계속 휩싸여 있고, 괜히 불안해하며, 현재 새로운 경험을 하는 데 주의를 기울이지 못하게 됩니다.

반면 부교감신경계가 활성화되면 몸과 뇌, 정신이 휴식 모드로 접어들어요. 마음이 안정되고 기분이 좋고, 만족감이 늘어나며 아이디어와 영감이 떠오르고, 사고력도 올라가죠. 또 신경전달물질인 도파민 분비가 늘어나 몰입도도 높아져요.

정리하자면, 스트레스 상황에서 호흡을 천천히 의식하며 할 때 부교감신경계가 활성화될 수 있고, 그러면 우울하거나 화가 나 있기 어려워져요. 현재 경험하는 것들도 흐릿하지 않게 다가오고요. 이처럼 깊은 호흡은 몸-마음의 건강은 물론이고, 일상의 질까지 높여줍니다.

호흡과 성격

호흡은 수명과도 관계가 깊어요.《동의보감》〈내경편〉 '신형' 부분의 '형과 기는 수요를 정한다形氣定壽夭'라는 대목을 잠깐 소개합니다.

선철先哲이 논하기를 "바다의 밀물과 썰물은 천지가 호흡하는 것으로서 하루 두 번씩 오르내릴 뿐이다. 그러나 사람의 호흡은 하루에 1만 3천5백 번이나 된다. 그러므로 천지의 수명은 유구하여 끝이 없지만, 사람의 수명은 길어도 100살을 넘기지 못한다"라고 하였다.

옛사람들은 하루에 1만 3,500번 호흡했다고 하네요. 한 호흡에 드는 시간을 얼마로 잡았을까요? 하루의 시간(86,400초)을 이 호흡수(13,500)로 나누면 6.4초가 나와요. 한 호흡을 평균 6.4초로 잡은 거죠. 실제로 호흡의 길이를 재보면(이따 해볼 거예요) 좀 편안한 상태일 때 저 정도 길이가 나와요. 나름대로 느긋하게 쉬는 숨인데, 옛 의학서에는 호흡수가 너무 많아서 오래 못 사는 거라고 겁을 주네요.

도대체 숨이 얼마나 길어야 한다는 이야기일까요? 아니, 어쩌다 현대인은 숨이 짧아진 걸까요?

그 전에 여러분은 언제 숨이 짧아지나요?

화가 나면 여러분의 숨은 어떤가요? 길어지나요, 짧아지나요?

바쁠 때 숨은 어떤가요? 길어지나요, 짧아지나요?

단순하게 보면 숨이 짧아지는 원인은 두 가지입니다. 하나는 화가 날 때, 또 하나는 너무 바쁠 때. 그렇다면 화를 잘 내고 다급한 성격의 소유자는 호흡이 짧아질 수 있겠네요. 아무래도 호흡은 성격과 관련이 있어요. 안타깝게도 옛 문헌에 따르면 수명이 줄어들 수 있어요.

또 성격은 맥(脈)과 관련이 깊어요.

요즘 한의원에선 맥을 잘 짚지 않지만, 동양의학의 특징 중 하나가 바로 맥 짚기죠. 맥이 무얼까요? 글의 흐름을 맥락(脈絡)이라고 하죠. 같은 맥 자를 써요. 맥은 온몸에 있는 기와 혈의 흐름이에요. 맥이 급하고 자주 뛰는 사람은 대체로 '기혈이 허해지기 쉬워 신기神機도 사라지기 쉽다'고 말해요. 이때 신은 종교에서 말하는 신이 아니에요. 사람을 북돋우고 일으키는, 즉 생화生化의 역할을 하는 요소 중 하나입니다.

즉 성격이 급하면 호흡도 짧아지고 맥도 급해서, 자기를 북돋우고 일으키는 힘을 간직하기 어려워요.

만약 다혈질에 완벽주의 성격을 타고났는데, 그가 속한 곳이 바쁘고 관용 없는 사회라면? 아마도 타고난 성격의 장단점이 더 강화되겠지요. 숨은 더 짧아지고 맥도 더 급해지고, 밖에서 보면 자기를 자꾸 소모하는 방향으로 살게 될 거예요. 당연히 수명도 길지는 않겠죠. 꼭 수명 이야기만은 아닙니다. 오히려 요즘은 너무 오래 살까를 걱정하는 시대니까요.

《장자》〈지락편〉에 좋아하는 대목이 있어요.

사람은 태어나면서부터 근심과 함께 살아간다. 장수한 사람은 흐리멍덩하게 오래도록 근심에서 헤어 나오지 못하면서 죽지조차 않으니 이 무슨 고생인가?

흐리멍덩하게, 돈 없이 골골하며 오래 살까 봐 걱정이잖아요. 우린 오래 살기보다 지락至樂, 즉 참된 즐거움을 어떻게 누리고 살까를 고민하는 중이에요. 긴 호흡은 지락의 관점에서도 필요합니다.

혹시 장수의 비밀을 다룬 책이나 다큐멘터리를 본 적이 있나요? 장수한 사람들이 욕심 없고 화가 적다는 이야기가 꼭 나오죠. 실제로 제 주변에 아흔 살이 넘도록 건강하게 잘 지내다가 돌아가신 분들은 다 온화한 성격이었어요.

지금 계속 성격 이야기가 나오고 있어요. 그런데 솔직히 한번 답해볼까요. 온화한 성격은 타고나지 않나요? 성격을 바꿀 수 있을까요?

심리학자들은 성격은 변할 수 있지만, 타고난 대로 살기 어려운 환경과 상황에 오래 접속해야 그리된다고 말해요. 어린 시절과 너무 다른 환경에 갑자기 뚝 떨어지거나 인생에 큰 위기가 와서 어쩔 수 없이 성격이 바뀌는 일이 좀 있다는 거예요. 그러지 않으면 아무래도 타고난 성격대로 살기 마련이지요.

그렇다면 성질이 급하고 화가 많게 타고난 사람은 어떻게 하나요? 그런 사람은 수명이 짧아지며 자기를 소모하는 방향으로, 즉 참된 즐거움을 지나치는 쪽으로 살아야 하나요? 게다가 자신이 속한 사회가 언제나 급박하게 돌아가는 곳이어서 자기 의지만으로는 조절할 수 없다면요?

다행히 성격을 고치지 않아도 되는, 카드가 하나가 남아 있어요.

이미 눈치챘겠지만, 성질이 불같고 급한 사람이나 급박한 사회 속에서 계속 살아야 하는 사람에게도 자기를 지키는 힘이 있답니다. 성격은 고치기 어렵더라도 호흡의 길이는 고쳐볼 수 있어요. 호흡을 천천히 고르게 하면 됩니다.

타이머로
호흡 길이 재기

스마트폰 타이머를 1분에 맞춰놓으세요.

숨을 마시고 내쉬고를 편하게 몇 번 하는지 세어보세요. 아마도 의식해서 숨을 쉬니까 그 길이는 평소보다 조금 길 거예요. 이때 들숨과 날숨의 길이는 같게 맞추도록 신경 쓰세요. 정확하게는 아니더라도 자기 느낌에 비슷한 정도면 됩니다.

1분간 호흡을 몇 번 했나요? 이를 세 번 더 반복해봅니다. 수시로 자기 호흡의 길이를 조금 길게 하는 연습을 해보세요. 열 번이면 여덟 번으로, 여덟 번이면 여섯 번으로, 여섯 번이면 네 번으로요. 물론 한 번에 그렇게 하려는 건 욕심이에요. 재미로 게임하듯 해보세요. 1분간 호흡을 세 번 해보고, 중간에 1분 정도 쉬는 리듬이면 좋겠네요.

특히 전철로 이동할 때 호흡수 세기를 해보면 재미있어요. 일곱 정거장을 가야 한다면, 한 정거장 지날 때 호흡수를 헤아려봅니다. 전철이 역에 도착해서 사람들이 타고 내릴 때는 잠깐 쉬다가 전철이 달리면 다시 천천히 호흡하며 세어봅니다. 이렇게 호흡수를 세어보고 줄여보고 하면서 놀면(!) 머리도 가뿐해지고 호흡도 길어집니다.

스트레스 상황이 올 때마다 평소보다 느리고 깊게 숨 쉴 수 있다면, 그것만으로도 매우 충분한 수련이 됩니다. 충분하다는 이야기를 계속하게 되는데, 정말 그것으로도 충분하기 때문이에요. 뭔가 '더, 더', '더 잘'을 원하는 마음은 또다시 마음만 둥둥 앞서가는 일이지요. 생각이나 감정을 잡지 말고 숨을 잡으시길. 그리고 충분한 것으로 정말 충분해요!

호흡 바라보기는
마음 보기

선禪은 스님들이 수행하는 가장 대표적인 명상이에요. 좌선, 화두선, 참선 이런 이름들에 모두 선이 들어가지요. 지금 이 순간이라는 명제가 선禪에서는 가장 큰 핵심이에요. 지금 일어나는 생각, 느낌, 감각에 깨어 있는 훈련이지요. 몸과 숨과 마음이 계속 함께 움직이는 것을 목표로 합니다. 그래야 평화로워지고, 삶의 기쁨을 충분히 누리며 살 수 있다는 이야기지요. 몸과 숨과 마음이 어떻게 함께할까요? 처음에는 호흡으로 출발해요.

자기 숨을 헤아리는 행위를 수식관數息觀이라고 합니다. 말 그대로 숨쉬기를 헤아려본다는 뜻이지요. 여기 들어 있는 '쉴 식息'은 스스로 자自와 심장 심心이 합해진 글자예요. 자自는 사람의 코를 그린 글자거든요. 코와 가슴 사이 드나듦을 숨 쉰다고 표현한 거예요.

지금 있는 자리가 어디든 숨쉬기는 알아차리며 해볼 수 있어요. 더 좋은 점은 죽을 때까지 이 수련을 할 수 있다는 거죠.

숨쉬기를 관찰해보면, '아, 뭔가를 의도한다는 게 이런 거구나' 하고 느낄 수 있어요. 내가 마음을 어떻게 내느냐, 어떤 의도를 품느냐에 따라 숨이 달라져요. 숨의 고르기, 빠르기, 깊이, 리듬 등은 의도에 바로 영향을 받거든요. 또 마음의 습관을 보기에도 좋습니다. 숨을 깊고 고르게 쉬려고 하면, 뜻대로 안 될 때 계속 짜증을 내거나 그럼에도 자꾸 통제하려고 안달하는 태도가 드러날 수 있어요. 이건 숨쉬기 연습이지만 내 마음 습관을 알아차리고 내려놓는 연습이기도 해요. 그래서 숨을 '느끼는 마음'이라고도 합니다!

누군가에게 미운 마음이 올라올 때는 편안하고 부드럽게 숨쉬기 어려워요. 반대로, 아주 편안하고 부드러운 숨이 이어지는 상태를 유지하면서 미운 마음을 내는 것도 어렵지요. 일상에서 숨을 바라보는 일이 마음 관리입니다.

호흡 수련의 본질은 숨이 들어오고 나가는 것에 마음을 끝까지 붙이는 거예요. 호흡을 깊이 있게 수련하는 사람들이 들으면 너무 얕은 이야기라고 할 수도 있고, 아니면 "정말 그것으로 충분해. 그러나 그게 가장 어려운 거야"라고 말할지도 모르겠어요.

숨에
마음 붙이기

숨쉬기를 해보면 처음에는 어깨가 자꾸 긴장될 수 있어요. 괜히 허리도 뻐근한 것 같고요. 또 일부러 길게 숨 쉬려다 머리가 띵하며 산소가 모자라지기도 하지요. 숨을 잘 쉬는 것도 쉽지 않지요. 그렇지만 어려운 숨은 쉬지 않길 바라요. 너무 잘하려 하면 곤란해요. 스스로 편안한 정도면 족합니다.

일단 허리를 똑바로 세우되 편안하게 합니다. 코끝과 입술 윗부분에서 숨이 들고 나는 것을 느껴보세요. 들숨에 코끝이 조금 서늘하고 날숨에는 조금 따뜻해지는 온도도 느끼세요. 숨에 길이 있는 듯, 그 길을 따라 여러 번 왔다 갔다 합니다.

'내가 이걸 왜 하고 있지? 이런다고 뭐가 달라져? 지겹다.'

이런 생각은 흘러가도록 두세요. 자신에게 고요해질 시간을 허락하고, 거기에서 활력을 얻는 중입니다.

유난히 생각이나 감정이 올라와 집중이 어려우면, 호흡에 숫자나 어절을 붙여 해봅니다.

- 들숨에 '가볍다', 날숨에 '편안하다'
- 들숨에 '가볍다', 날숨에 '편안하다'
- 들숨에 '가볍다', 날숨에 '편안하다'

들숨과 날숨에 동사를 붙여서 1분간 반복합니다. 그다음 3분, 5분으로 늘려가면 됩니다. 반복하는 동사 자체에 더 마음이 쏠릴 수 있으니 집중이 좀 되면, 말을 내려놓고 숨 자체에 마음을 모아보세요. 들숨 날숨에 마음을 모으는 것이 관건입니다.

멈춤의 미학

　　오래전에 부모님과 명상센터에 함께 간 적이 있어요. 부부가 함께하는 프로그램을 추천해주고 싶었는데, 두 분이서 가시라고 하면 안 가실 것 같아서 따라갔어요. 부모님은 며칠 동안 그 프로그램에 참여하면서 좀 지루해하셨어요. 그런데 한 가지는 재미있었던지 아직도 이야기하시곤 해요.

　그곳에서는 밥 먹다가 랜덤으로 종을 치는데, 종소리가 들리면 식당에 있는 사람들 모두 그대로 멈춰야 해요. 아이들은 까르륵 웃고 어른들도 입가에 웃음이 피어올랐어요.

　입에 음식을 물고 있든, 젓가락질을 하든, 멍하게 있든 그대로 멈춰!

　마치 게임 같아서 식사 시간마다 다들 좋아했어요. 이 종소리는 뭘 먹는지도 모르게 흘러가는 순간을 멈춰서 알아차리라는 목적에서 하는 거예요.

틱 낫 한 스님의 수행센터에 이와 닮은 수행법이 있어요. 그곳에서는 말하기 전 심호흡 몇 번을 카운트하게 해요. 이게 확장되면 전화가 와도 바로 받지 않고 숨을 몇 번 쉬면서 마음을 가라앉히고 받아요. 그러면 하루의 많은 틈이 이렇게 몇 번의 심호흡으로 채워져요. 피드백을 습관대로 하지 않고, 알아차리며 하게 하죠. 이 방법은 단순하고 효과도 좋은 데다가 일단 재미있잖아요. 해볼 만합니다!

○○하기 전
세 번 숨쉬기

얼마 전에 집 이전 등기를 직접 한 적이 있어요. 법무사를 찾아갔는데 너무 심하게 바가지를 씌우더군요. '요즘 이 어떤 세상인데, 젊은 사람한테도 이렇게 바가지를 씌우나?' 싶어 속이 확 상했어요. 다른 법무사를 찾아갈까, 앱으로 비교 견적을 받을까 하다가 직접 할 수 있다는 포스팅을 보고 도전해보기로 했죠.

그런 일에 워낙 젬병이고, 조금 전에 법무사 사무실에서 겪은 불편한 감정 때문에 가슴이 계속 두근두근하더라고요. 그날은 거의 반나절을 서류 떼러 주민센터, 구청, 법원, 은행에 다녀야 했어요. 때마침 일 때문에 전화도 계속 받아야 하는 상황이었고요.

사실 따지고 보면 서류를 떼는 동안 앉아 있으면 되고, 서류를 어떻게 작성하는지 직원이 설명해주면 잘 들으면 되고, 서류에 내용을 적을 때는 그대로 따라 적으면 되지요. 주민센터에서 볼 일이 끝나면 법원이며 은행이며 이동하면 되는데, 괜히 마음이 답답하고 급한 거예요.

'이거 다음에 저거를 해야 하고, 저기 다음에 저기를 가서 이 서류 저 서류를 떼고……'

해야 할 게 너무 많다는 생각 때문에 계속 시간을 보게 되고, 적어 온 쪽지를 보면서 답답해지는 거예요. 거기다 일 때문에 카톡과 전화가 계속 오는 바람에 더 정신이 없었죠.

이때 문득 '행위를 하기 전에 심호흡하기'가 떠올랐어요. 일을 처리하는 동안 과정 하나하나를 할 때마다 심호흡을 세 번씩 했어요. 전화를 걸 때도 세 번 심호흡 후에, 서류를 뗄 때도 세 번 심호흡 후에, 다음 것을 뗄 때도 세 번 심호흡 후에, 차례를 기다릴 때도 계속 심호흡 세 번. 그랬더니 시간에 쫓기지도 않고, 해야 할 일을 마음 편하게 하나하나 할 수 있었습니다.

대외적으로 바쁠 수밖에 없는 날에는 세 번 호흡하기가 꽤 도움이 될 겁니다. 유독 열 받는 전화를 많이 받아야 하는 날, 급하게 행정적인 일을 처리해야 하는 날, 계속 뭔가를 반복해서 해명해야 하는 날은 이 방법이 마음의 안정을 줄 거예요.

어떤 일을 할 때마다 매번 세 번씩 호흡하고 해나가자면 안 그래도 바쁜데 일이 더 늦어질 것 같지만, 오히려 마음이 안정되어

서 실수가 적어요. 또 그렇게 쫓기는 마음이 없으니까 같은 일을
해도 지루하거나 힘들지 않고요.

마지막 숨을
쉬고 있다면

한번은 죽음 명상을 하면서 '내가 곧 죽는다면 지금 무얼 할까?' 하고 물었는데, 제 대답이 너무 선명해서 뿌듯했어요.

지금 침상에 누워 마지막 숨을 몰아쉰다고 해보죠.

'끝까지 후회하지 않을 일이 무엇인가?'

'인생을 낭비하지 않았다는 생각이 들려면?'

아무래도 좋아하는 일을 하고 있더라도 일은 일이고, 사랑하는 사람과 함께 있더라도 그건 그 사람이고, 죽을 때까지 나는 나 자신과 함께하겠지요. 그렇다면 나를 만나보고 알아가는 이 자체는 당장 몇 시간 후에, 아니 몇 분 후에 죽더라도 하는 게 맞고, 할수록 좋다는 결론이 보이는 거예요.

내 마음 하나 잘 보고 간다면, 이 삶은 충분하다는 생각이 들었어요. 그리고 허락된 목숨에서 마지막 몇 번의 숨이 더 남았다고 해보죠. 이 숨을 따라가면 다음 숨이 있을지 없을지 나는 몰라요. 지금 내쉬는 숨이 마지막이 될지, 다시 숨을 한 번 더 들이마시게 될지 알 수 없으니, 아마도 그저 한 숨 한 숨을 따라가겠죠. 이때 한 번의 숨이 삶과 죽음을 나눠요. 그런데 이렇게 한 숨 한 숨을 따라갈 수 있다면, 두렵지 않겠다는 생각이 들었어요. 적어도 정신이 깨어 있다면 말이에요.

그래서 숨을 바라볼 줄 안다는 것에는 '광대한' 의미가 있어요. 삶과 죽음이 그 안에서 교차하고 있다는 걸 마음을 잘 모으면 알 수 있죠. '지금 내 안에서 삶과 죽음이 거칠게 오가는구나' 하는 것도요. 이 숨을 따라갈 수 있다면, 그 자체로 내 마음을 보고 있는 거예요.

숨이 떨어질 때까지 숨으로 마음공부를 해나간다고 생각하면 삶도 죽음도, 작게는 오늘 하루도 다 괜찮다 싶어요. 지금, 숨 잘 쉬고 계신가요?

6장

감정
지켜보기

마음은 색도 없고, 모양도 없으며,
가끔은 약하기까지 하다.
그렇지만 인간의 마음은
강철보다 더 단단해질 수 있다.

달라이 라마

쓰레기 같은
감정들

세미나에서 만난 친구가 일 때문에 너무 스트레스를 받는대요. 무려 일급 범죄자의 기록을 낱낱이 검토하는 일을 하더군요.

"사회의 쓰레기통을 뒤지고 있는 것 같아요."

온종일 끔찍한 사건 기록과 현장 사진, 증거물 등을 세세하게 보고 검증하는 일을 어떻게 견딜까 싶더라고요.

"스트레스는 어떻게 풀어요?"

맥락을 바꾸는 질문이었어요.

그렇게 똑똑한 친구가 그 질문에 답을 잘 못 하더군요. 머뭇머뭇하더라고요. 자기 일이 어떤 역할을 하는지, 어떤 소명의식으로 해나가는지는 잘 설명하면서 정작 자기 자신에 대한 보호와

배려에 대해서는 생각해본 적이 없는 눈빛이었어요.

그런가 하면 학부모를 상담하는 제 친구에게는 이런 이야기를 곧잘 듣습니다.

"내가 감정 쓰레기통이다!"

엄마들이 아이 문제로 상담을 와서는 시시콜콜 온갖 집안 이야기부터 자기의 답답함을 한참 털어놓고 간다는 거예요. 일도 바쁜데 고객이란 이유로 그저 하릴없이 속풀이를 받아줘야 한대요. 하루에 그런 일이 여러 번 겹치면 미쳐버릴 것 같다고 해요.

저마다 하는 일은 다르지만, 내가 하는 일은 아마도 나를 수련하게 만드는 일일 거예요.

"그래서 스트레스 어떻게 풀어?"

그 친구도 머뭇머뭇하더라고요. 눈을 오른쪽 위로 뜨더니 "어, 어, 어" 하고 '어'를 세 번쯤 한 다음에 자기는 어디 놀러 가는 것도 싫고, 넷플릭스나 보면서 쉬는 날에 종일 뒹구는 게 휴식이라고 하더군요.

저마다 다양한 스트레스 해소법이 있지요. 스포츠, 예술 활동, 수다 떨기, 공부, 술, 음식, 뒹굴거리기 등이 있어요. 쌓인 감정을 취미로 돌려서 푸는 사람이 있는가 하면, 그저 집에서 풀어져 지내는 식이 알맞다는 사람도 있지요. 하지만 많은 경우에는 일하다 생긴 스트레스를 집으로 가져가서는 "어, 어, 어" 한 다음에 그냥 쌓아둡니다.

감정은 재활용 가능한 플라스틱이 아니고 음식물 쓰레기와 비슷해요. 놔두면 썩어요. 냄새도 나고요. '모아놓았다가 한 번에 치워야지'라고 생각하면 안 됩니다. 쓰레기 같은 감정은 그날그날 비우고 잠들어야 해요.

요즘도 가끔 그렇지만 저는 스트레스를 받으면 턱부터 너무 아파요(근육학적으로 순서가 그래요). 예전에 턱관절에 통증이 심해서 병원에 갔어요. 잘 때 이를 간다는 사실을 알고 있었고, 교정하라고 하면 어떻게 하나 걱정하며 검사를 받고 진료실에 들어갔어요. 그때 의사 선생님이 참 현명한 분이었어요.

"굿을 해야 합니다."

"네??"

"방법이 없어요. 스플린트를 해도 되는데 이 안을 바꿔야 하는 문제라서."

가슴을 가리키며 말씀하셨어요. 스트레스 대응 방식을 바꿔야 하는 거고, 그건 굿을 할 정도로 정신의 트랜스 상태(최면 등으로 나타나는 고도의 몰입 상태, 무아지경)가 되어야 가능하다는 농담(!)이었어요. 그때는 의사 선생님의 재치에 웃으며 진료실을 나왔지만, 정말 정확한 대답이었죠.

스트레스
상황에서의 감정

　　　보통 스트레스 상황이 오면 뇌는 크게 세 가지
방법으로 대처해요.

- 도주(달아나려 한다)
- 투쟁(맞선다)
- 반추(얼어붙는다)

이것을 감정적인 반응으로 풀면 이렇게 됩니다.

- 도주(회피한다)
- 투쟁(화낸다)

　스트레스가 쌓이면 해결할 생각은 안 하고 자꾸 피하고 미루는 사람이 있는가 하면, 계속 짜증과 화를 내는 사람이 있죠. 저는 반추를 즐겨(?) 했어요. 반추는 얼어붙어서 꼼짝 못 하는 상황과 같아요. 감정적으로는 자기만 고립되어 있다고 느끼고, 같은 생각이 계속 꼬리에 꼬리를 물고 돌아가며 후회감에 휩싸여 있게 하죠.

　이때 뇌는 이 세상에서 나만 힘들다고 판단하기 쉬워요. 누구나 겪을 만한 사회생활의 보편적 어려움이라는 생각은 홀랑 잊어버리고, 오로지 '나는 왜', '나만 이렇게' 같은 생각으로 가득차게 돼요. 제 턱은 밤마다 '나는 왜'와 '나만 이렇게'라는 분노를, 즉 음식물 쓰레기를 씹었던 셈이죠.

　이를 치료하려면 역시 굿을 함으로써 막힌 에너지를 발산하는 게 정답이 아닐까요? 그 뒤로 굿은 아니지만, 열심히 정도가 아니라 필사적이라고 할 만큼 요가에 매달렸어요. 마음의 푸닥거리를 이때 충분히 했다고 생각합니다.

　방금 한 이야기를 정리해보죠. 쓰레기 같은 감정은 그때그때 버려야 하는데, 자기 나름의 방법을 찾아야 한다. 그냥 흘려보내면 썩어서 탈이 난다. 스트레스 대응 방법을 바꿔야 한다.

그런데 가장 좋은 건, 스트레스를 스트레스로 받아들이지 않는 게 아닐까요? 스트레스를 푸는 것도 좋지만, 인지 과정을 거쳐서 근본 뿌리를 살펴보는 일이 그래서 필요합니다.

감정을
손님으로 대하기

　　쓰레기 같은 감정을 갖고 집에 들어와 펼쳐놓고 맛보고 계신가요? 우선은 감정과 자신을 분리해야 해요. 감정을 무시하란 말이 아니고, 감정과 나를 떨어뜨려 놓는 거죠. 보통 감정이 일어나면 그 감정이 내 감정이라고 생각하고, 그것과 몸을 섞으며 뒹굴어요. 거기에 휩쓸려 반응하는 데 익숙하죠.

　　그런데 일어나는 감정 자체가 나 자신이 아니고, 나에게 찾아온 손님으로 보면 약간의 거리감이 생겨요. 험한 손님은 조심스럽게 대접해서 잘 돌아가도록 해주고, 좋아하는 손님은 친해지되 너무 격의 없이 되지 않도록 조절해야 해요. 좋은 감정이든 싫은 감정이든 손님처럼 거리를 둡니다.

　　감정은 억지로 막을 수 없고, 막아서도 안 되고, 막을 필요도 없어요. 그냥 흘러가도록 내버려 두면 돼요. 감정 또한 무상해요. 늘 변하죠. 고여 있지 않도록 놔주어야 해요.

감정은 찾아오는 손님입니다. 한적한 곳에 있는 카페 주인이 되는 거예요. 열 받아서 문을 박차고 들어온 손님은 씩씩대다가 제 풀에 지쳐서 곧 잠잠해질 거예요. 슬픈 얼굴로 혼자 들어온 손님은 한동안 울다 가겠죠. 마음이 붕 뜬 손님은 멍하게 있다가 돌아갈 겁니다. 카페 주인은 그를 굳이 단골로 만들려 애쓸 필요가 없어요. 반드시 위로해주어야 할 책임도 없고요. 따뜻한 공간과 차를 내주고 손님이 큰 소란을 피우지 않게 같이 머물면 됩니다.

그러니까 어떤 감정이든 움켜쥐고서 거기에 온 마음을 던지지 말라는 말이에요. 감정이 오면 알아차립니다. 조금 위험한 감정이 오면 '아, 감정에 휩쓸리려 하고 있어', '감정은 내가 아니야', '바라보자. 그냥 보는 거야' 이렇게 깨어 있으려고 애써봅니다.

감정에 따라 팩트가 달라진다는 연구 결과를 본 적이 있어요. 이성적으로 이러저러해서 그 일이 생겼다고 판단하는 게 아니라, 기분이 나쁘니까 그 사건이 이러저러하게 진행되었다고 팩트를 조정해버린다는 거예요. 어쩌면 감정이 이성보다 훨씬 더 앞에 또는 더 위에 있는지도 몰라요. 그만큼 다들 알게 모르게 감정에 나약해요. 나쁜 감정과 씨름하고, 좋은 감정에 들떠 있죠. 오늘 하루는 감정에 마냥 휩쓸리지 말고, 손님으로 바라보며 조금 떨어져 있어 보세요.

거친 감정이 몰려올 때
몸 감각 느끼기

사실 거친 감정이 오면 저도 힘듭니다. 이때는 지켜보기가 어려워요. 이 과제는 내게 조금 버거운 감정이 올 때 해보세요.

내 마음은 어디에 있을 때 가장 안전할까요? 바로 내 몸에 있을 때예요. 몸은 마음의 휴식처가 되어야 해요. 마음은 시공을 넘나들며 자주 떠돌죠. 그러나 몸은 언제나 지금 여기에 있을 수밖에 없어요. 과거의 후회 속에도, 미래의 희망 속에도 머물 수 없지요. 오직 지금 발 딛고 선 곳, 생생한 삶의 현장을 살고 있으니까요.

격한 감정이 올라올 때, 주의를 몸의 감각 쪽으로 돌리세요. 그 자체로 나를 보호하세요. 이때 되도록 편한 자세를 취하고, 할 수 있다면 눈은 감습니다. 호흡을 여러 번 편안하게 합니다. 몸이 편안하고 숨이 고르게 되었을 때 몸의 느낌을 찾아보세요.

맨 먼저 몸에 어떤 느낌이 일어나나요?

특별히 강한 느낌이 일어나는 곳이 있나요?

그 느낌은 어떠한가요?

콕콕 쑤신다거나 싸늘하다거나 무언가 콱 틀어막은 듯한 느낌
등을 잘 관찰해봅니다.

이 감각은 어디서 왔을까요?

몸에게 한번 물어보세요.

'이 감각이 왜 일어났어?'

답은 언어의 형태로 찾아오지 않을 거예요. 머리에서 답을 꺼내
려 하지 마세요. 그저 질문을 던집니다. 중요한 건 지금 그 느낌을
알아차리고 궁금해하는 거예요. 감정에 뒤따라오는 생각 더미 속
에 빠지지 말고, 그 감정을 겪고 있는 내 몸의 감각 쪽으로 돌려봅
니다. 여기에 호흡을 함께 천천히 하면 좋지요.

감정적으로 힘든 순간에 그 감정에 반응하는 내 몸의 감각에 귀
기울일 수 있다면, 일상에 방패막이 하나가 생기는 거예요. 마음
은 내 감정이나 생각 속에 있을 때가 아니라 여기 이 몸에 있을 때
가장 안전하니까요.

나를 보는
3단계 시선

저는 연극을 한 적이 있어요. 짧은 경험이었지만, 그때 연습 과정과 연기를 배웠다는 사실이 시간이 지날수록 굉장히 소중하다는 걸 절절하게 느낍니다. 오히려 가치 있는 것은 당시에는 잘 모르다가, 살면서 계속 자신을 흔들어 깨우고 놀라게 해요.

연극에서도 연기자에게는 '제3의 눈'이 있어야 한다는 표현을 많이 쓰더군요. 명상의 기술과 똑같아서 놀라웠습니다.

관객이라는 자리는 연극을 보면서 주인공도 되었다가 관객 자신이 되기도 하죠. 자유로이 넘나들 수 있어요. 관객은 자신이 연극을 보고 있다는 사실을 잊지 않으면서도, 이따금 주인공이 되어서 함께 울고 웃으며 느낍니다. 그러면서도 극중 인물을 자신으로 완전히 착각하지는 않아요. 또 그 폭풍 같은 연극이 막을 내리면, 먹먹해 있다가도 '내가 연극에 빠져서 뭐 하는 건가' 하고 웃으며 자기 삶을 살죠. 주인공과 관객 사이에 충분한 거리가 있으니까요.

내 삶과도 이런 거리를 유지할 수 있어요. 내가 주인공인 연극이지만, 나는 또한 관객이 될 수 있어요.

'아니, 이건 내 인생이잖아. 내가 주인공인데, 관객이 되라니?'

이런 의심이 올라올지도 몰라요. 그러나 관객이 되어 바라보더라도 주인공이 바뀔 일은 없어요. 또 주인공으로서 자기 할 일을 소홀히 하지도 않아요. 내 삶의 주인공이지만 때로는 훌륭한 관객이 될 수 있다는 사실을 아는 게 중요합니다.

내게 일어나는 일을 나의 일이 아니라 저 연극의 일, 저 주인공의 일로 떨어뜨려 볼 줄 안다면 스트레스를 조절하기가 좀 수월해요. 내 일, 내 사람, 내 슬픔이 아니라 그 일, 그 사람, 그 슬픔이지요. 이 거리감을 가지면 나를 지켜갈 수 있어요. 이것은 회피가 아닙니다.

주인공이 불안하고 초조해서 방 안을 왔다 갔다 할 때도, 완전히 주인공이 되지 않을 권리가 있어요. 그런 주인공의 모습을 관객으로서 따뜻하게 바라볼 수 있죠. 관객이 매달려 함께 고민하지 않으면 주인공이 멍청한 판단을 내릴까요? 그렇지 않아요.

여기까지만 연습이 잘되어도 매우 훌륭합니다. 우리, 조금만 더 욕심을 내볼까요?

바로 연출가가 되어보는 일이에요.

관객이 연기자와 동화되어 우는 순간에도 연출가는 전체 흐름을 읽어요. 연극 전반에 관해서라면 가장 깊은 주의력과 판단력을 갖고 조망하고 있죠. 그는 순간순간 일어나는 감정에 뛰어들기보다는, 정신 차리고 계속 극 전체를 보는 시각을 유지해요.

그 시각을 잘 유지할 수 있다면, 극은 더욱 좋은 짜임과 리듬을 지속할 수 있겠지요. 배우도 연출가의 눈을 믿고 자기 역할에 더 몰입할 수 있고요. 관객으로서도 더 좋은 작품을 볼 수 있을 거예요. 즉 연출가로 깨어 있으면, 극이라는 인생을 더 좋은 작품으로 만들 수 있어요.

3단계 시선 연습

인생을 연극이라고 할 때, 우리는 저마다 세 단계의 시선을 선택할 수 있습니다.

- 연기자
- 관객
- 연출가

사실 좋은 연기자들은 이미 이 세 단계의 시선을 가지고 있어요. 제가 쉽게 설명하기 위해서 굳이 분리한 것이지, 훌륭한 연기자일수록 이 세 단계의 시선 각각을 주의 깊게 의식하는 기술을 갖추고 있죠.

언제나 상황에 빠져 앞뒤를 보지 못하는 연기자로만 살았다면, 오늘 하루는 관객이 되는 연습을 해봅니다. 연기자와 관객 사이를 수시로 넘나들어 보세요. 거기서 지켜보는 힘이 더 생기면 연출가가 되어보세요. 이렇게 시선을 확대해나갈수록 더 좋은 작품, 아니 더 나다운 작품이 만들어질 수 있겠지요.

하루만 잘 연습해도, 제3의 눈을 감각적으로 조금은 체득할 수 있어요. 여러모로 마음이 많이 지치는 날 그 감각을 꺼내 쓸 수 있을 거예요. 몸과 경험으로 기억한 것은 잊히지 않으니까요.

이 과제는 초반에 제시한 오늘의 과제 1과 과제 2의 최종 단계라고 할 수 있어요. 언제나 주의할 점은 지켜보는 힘이 키워지기 전에 내 뜻대로 조정하거나 판단하려고 개입해선 안 된다는 것입니다. 그냥 지켜봐야 해요. 사실 이게 어려우니 자꾸 강조하게 되네요!

편식 좀 합니다

어릴 때 편식은 나쁘다고 교육받았어요. 그래서 조금 고치기도 했지만, 다 큰 우리는 거의 편식하는 사람들입니다. 콩을 싫어하고 치즈는 좋아하고, 파는 싫고 무는 괜찮고 식이에요. "아무거나 잘 먹어요"라고 말하는 사람도 좋아하는 건 자주 먹고, 싫어하는 건 피해요. 단지 여럿이 식당에 갔을 때 자기 의견을 크게 주장하지 않는다는 이유로 자신이 편식하지 않는 사람이라고 믿기도 하죠.

만약 설문조사에서 '편식이 좋다고 생각하십니까?' 하고 물으면 '네'라고 대답하는 사람은 드물 거예요. 하지만 실제로는 편식을 안 하는 사람이 드물죠. 우리의 인지와 행동 사이의 괴리는 생각보다 꽤 커요.

아마도 먹는 것에 관해서라면 이런 마음이 늘 한쪽에 있을 거예요.

'채소를 너무 안 먹어서 큰일이야.'

'탄수화물을 많이 먹어.'

'내가 너무 짜게 먹나?'

'술을 줄여야 하는데……. 커피값만 아꼈어도…….'

왜 이런 생각이 늘 머리 한구석에 있을까요? 좋은 건 끌어당기고, 싫은 건 밀어내고 있다는 사실을 스스로도 느끼는 거예요. 그런데 내가 '좋다'고 생각하는 게 나에게 '이롭다'가 되는지는 자신이 없는 거죠.

내가 무얼 어떻게 먹고 있고, 그에 대해 어떻게 생각하는지를 따라가 보면, 식생활 문제만이 아니라는 걸 알게 돼요. 뜻밖에도 거기엔 왜 내 마음이 담담해지지 않는지에 대한 힌트가 들어 있어요.

- 좋은 건 집착하고, 싫은 건 성낸다.
  → 좋고 싫고에 따라 일어나는 감정에 지나치게 몰입해서 마음이 출렁댄다.

- 좋음과 이로움이 일치하지 않을 때가 많다.
  → 아무래도 좋아하는 것을 자주 택할 확률이 높다. 좋아하는

걸 택하면 내게는 옳게 느껴지고 기분이 좋기 때문이다. 그
런데 내가 좋다고 하는 게 나에게 이로운지는 딱히 생각하
기 싫다.

음식처럼, 우리는 마음도 늘 먹고 있어요. '마음먹기'에 달려
있다 같은 표현을 하잖아요. 무슨 마음을 먹으면 좋을까요? 내
가 좋아하는 마음은 아무래도 자주 먹겠죠. 이때 자주 먹는 그
마음은 이로울까요? 알 수 없지요. 그것이 단지 당장의 기분만
좋게 하는 마음인지, 나를 이롭게 하는 마음인지는 깨어서 보아
야 하니까요.

좋은가,
이로운가

어떤 사람은 문제가 있을 때 화를 버럭 내면 속이 후련하다고 느껴요. 그러나 그러면 관계가 더 꼬이기도 하고, 자기 인성에 이롭지 않겠지요. 또 어떤 사람은 오늘도 화를 참기만 해요. 그편이 옳다고 느끼니까요. 그런데 이런 태도 때문에 자신의 몸-마음 건강이 위태로워지겠지요. 자신은 물론이고 타인에게도 결코 이롭지 않을 거예요.

이렇게 놓고 보면 '화내면 안 돼. 화내지 말자'처럼 단순한 처방은 크게 쓸모가 없답니다. 화는 내서 좋을 것이 없다는 진리도 내 삶에서 체화할 때는 훨씬 주의 깊어야 하니까요. 참 어렵고도 헷갈립니다.

나는 어떤 마음을 먹어야 할까요?

오늘 하루는 한 마음이 일어나면, 그 마음이 내가 단지 좋아하고 익숙한 것인지, 내게 이로운 것인지 물어봅니다. 반드시 이로운 것을 선택해야 하는 건 아닙니다. 또 이롭다는 게 도덕책에 나오는 그런 것인가 하고 헷갈릴 수도 있어요.

일단은 이 마음이 단지 좋은가, 내게 이로운가만 물어보세요. 이렇게 질문하며 멈추는 것만으로도 내 마음 습관을 조금씩 볼 수 있어요. 고치려는 게 아니고 그 패턴을 보려는 가벼운 마음으로 접근해봅니다.

말버릇 속에서

　　　　제 말버릇 중 하나는 '잘 모르겠어요' 붙이기랍니다. 자기 말버릇은 스스로 알아차리기 어렵죠. 저도 모르고 살다가 지적을 받았어요. 그제야 제가 그렇다는 걸 알았죠. 의식을 하고 보니 대화할 때 '잘 모르겠다' 타령을 많이 하더라고요. 이런 식이에요.

"그 사람 어땠어?"

"느낌이 이랬는데, 사실 뭐 잘 모르겠어."

"그 일 어땠어?"

"잘 모르겠지만 이러저러했어."

"이거 어떻게 생각해?"

"글쎄, 잘 모르지만 이렇게 보이네."

어차피 말할 거면서 군이 앞이나 뒤에 '잘 모르겠는데'를 붙이는 거예요. 보통 습관은 별 이유 없이 형성되지 않아요. 처음에는 뚜렷한 이유가 있고, 그 이유에서 벗어나지 못하기 때문에 습관으로 굳죠.

제가 '잘 모르겠다'라며 일단 유보하는 태도를 취하는 이유가 뭘까 생각해봤어요.

'이건 이거야'라고 분명하게 이야기하려니 '이럴 수도 있고 저럴 수도 있는데?' 아니면 '지금 이 결론이 다가 아닐 텐데?' 하는 느낌이 드는 거예요. 묻는 상대로서는 답답한 노릇이죠. 질문한 사람 입장에서는 당연해요. 이럴 수도 있고 저럴 수도 있다는 걸 모르는 게 아니고, 이 결론이 다일 거라고 알아듣지도 않을 거고, 단지 지금 네가 어떻게 생각하는지를 묻는 거잖아요. 그런데 제가 잘 심플해지지가 않는 거예요.

'잘 모르겠는데'를 언제 많이 붙이는지 봤더니 사람이나 작품, 회사, 수업 등 뭔가를 평가할 때였어요. 그런 부분은 내 수준이 얼마만큼인가, 또 그때 내 컨디션이 어떤가에 따라 결론이 달라지잖아요. 그런 사실을 상대가 알아줬으면 좋겠다는 마음이 깔려 있는 거예요. 또 내가 틀렸을 수 있다는 사실을 스스로에게도 말하기 위해서이지요.

그런 측면에서 본다면 '잘 모르겠는데'를 붙이는 습관은 내 자만심을 억누르는 하나의 장치로 출발한 셈입니다. 억누른다는 표현에서도 알 수 있듯이, 스스로 자만이 많다고 느낀다는 얘기지요.

저는 자만이 아주 많습니다. 일테면 이런 자만이에요.

'내 눈이 예리하니까. 나는 상대를 이렇게 정확하게 봤어.'

'나만 볼 수 있는 핵심을 간파했다니까.'

'나는 제법 똑똑하니까 이렇게 판단해.'

이런 비평가의 마음이 제 안에서 늘 무성하게 자랍니다. 무성한 것이 있으면 자랑하고 싶은 게 사람 심리죠.

"아니, 사람인데 좀 그러면 안 되나요?"

물론 그렇죠. 저도 자주 그러고요. 그렇지만 그게 좋을 게 없다는 걸 알아요. 자만은 버려야 하는 것이에요. 착한 사람이 되기 위해서가 아니라, 그것이 저를 괴롭히기 때문이에요. 타인을 이롭게 하는 경우도 거의 없고요.

왜 자만이 저를 괴롭힐까요?

앞에서 비교의식 이야기를 잠깐 했죠. '남보다 내가 낫다, 내가 못하다, 너나 나나 같다' 하며 이기고 지고 비기는 게임으로 여기는 일에 대해 말했습니다. 이 비교의식은 반드시 일희일비를 낳아요. 그런 생각의 틀이 아예 없을 때 생기는 평화로움, 상대를 그 자체로 보는 온전함이 없죠. 시야를 좁혀 왜곡해서 보게 하거든요. 나를 기준으로 위아래를 나누는 비교의식이 발동하면, 왜곡의 그물에 걸리게 되어 있어요.

자만은 괴로워

자만은 이런 식으로 많이 나타나더라고요.

요가에 점점 빠져들 때 저는 자신이 좋게 바뀌어간다고 느끼며 즐거워했어요. 그렇지만 눈에 보이는 결과가 좋지 않을 때면 우울해지는 거예요. 또 일을 잘하는 사람이라며 우쭐하다가도 안 좋은 일이 생기면, 갑자기 일은 물론이고 일상까지 싫어지면서 마구 흔들려요. 상황은 자꾸 변할 수밖에 없는데, 그걸 받아들이지 못하고 제 마음이 혼자 공회전을 하는 거죠. 그러면 자꾸 원망하는 마음이 올라와요. 왜 그런가 봤더니 이런 생각이 뿌리내리고 있었어요.

'나는 계속 잘되어야 해. 실패하지 말아야 해. 뒤로 가지 말아야 해.'

언뜻 당연한 생각 같지만, 잘 들여다보면 좀 이상합니다.

나 자신을 남들과는 다른 무척 중요한 사람으로 보고 있거든요. 이건 자신을 소중히 여기는 마음과는 다릅니다. 남보다 나은 나라는 비교에서 출발하는 마음이잖아요. '남보다 못한 나'가 되면 흔들리리라는 사실을 내포하고 있죠. 이는 자기 존재를 남과 비교하며 가치를 매긴다는 뜻이에요. 말로는 나 자신이 소중하다고 이야기하지만, 실은 '남보다 나을 때는 내가 소중해 보입니다'가 더 정확한 거죠. 이 부분은 스스로도 참 속기 쉬워요. 잘 들여다보지 않으면 자신도 깜빡 속고 맙니다. 자기 마음을 한 꺼풀 덮어놓았으니, 우울해지더라도 '내가 왜 우울해졌지?' 하고 원인을 몰라요.

불교심리학에서는 이를 자만이라고 이름 붙여 정리합니다. 이때 자만은 사전적 의미보다 훨씬 넓어요. 보통은 남보다 잘났다고 생각하면 자만이라고 말하는데, 여기서는 남보다 잘나지 못했다거나 '너나 나나 같지, 뭐' 식으로 자기를 중심에 놓고 비교하며 평가하는 자체를 다 자만으로 봐요. 자만은 번뇌를 일으키는 네 가지 원인 가운데 하나이며, 마음을 어지럽히고 갈등을 만들어내는 뿌리로 봅니다.

만약 무리 중에 내가 똑똑하다는 걸 인정받으면 즐거울 거예요. 그러나 다른 데 갔을 때 나보다 똑똑한 사람이 있으면 상처

받겠지요. '내가 남보다 똑똑하다'라는 마음 때문에 나는 언제나 똑똑함에 관해서 매우 취약한 사람이 되는 거예요.

자만은 제7식의 작용 중 하나예요. 이에 대한 설명은 그리 간단하지 않아요. 제7식을 설명해놓은 유식학唯識學은 대승불교 심리학의 가장 대표적인 수행 교재로, 4~5세기 인도의 바수반두가 완성한 마음의 구조와 기능(고통에서 해방되는 5단계의 수행 과정까지)을 풀어놓은 서른 개의 시구예요.

유식에서 말하는 제7식의 특징을 감히 한 줄로 줄이면, '나'를 중심에 놓고 내세우면 대상을 있는 그대로 보지 못한다는 거예요. 그 사람을 그 사람으로 보지 못하고 나보다 똑똑한가 아닌가, 나에게 유리한가 불리한가, 내가 보기에 좋은가 싫은가라는 창으로 편집해 한껏 왜곡해서 보는 겁니다. 최근 담론에 자주 등장하는 '꼰대'야말로 그 왜곡이 심한 사람들이죠. 자만, 자기 편견, 자기만의 세상에서 사람을 재단해서 보며 틀에 박힌 듯이 행동하니까요. 그래서 수련자들은 제7식을 약화하는 데 매진합니다. '나'라는 그물에 걸리지 않으려고 애씁니다.

'잘 모르겠는데'를 붙이면서 자만을 누르려 했던 제 의도는 그다지 좋은 성적을 거두지 못했어요. 여전히 자만의 그물에 자주 걸려드는 걸 보면 말이죠. 이 부분은 계속 저의 숙제로 남아 있을 것 같습니다.

'나야 나' 하는 마음
내려놓기

이번 과제는 어렵습니다. 어렵다는 사실을 염두에 두고 가볍게 해보세요.

'나'라는 그물 이야기를 했는데, 나를 내세우지 않으면 평화로운 감각 속에서 인지의 왜곡 없이 대상을 있는 그대로 보고 받아들일 수 있습니다. 사실 심오한 이야기인데 이렇게 줄이자니 머쓱합니다. 너무 넓은 범위의 이야기니까 여기서는 범위를 확 좁혀서 이렇게 접근해보죠.

나를 강하게 내세우고 드높여야 내가 중요한 사람으로 대접받을 것 같잖아요? 그런데 실은 그렇게 하면 스스로도 괴롭고 행복하지 않으며, 주변 사람도 불편해져요.

'나야 나' 하는 마음을 내려놓으면 나부터 가벼워져서 좋습니다. 그런 상태에서 사람을 만나면 자존심 상할 일도 적고, 일할 때도 열중하기 좋아요. '저 사람이 나를 어떻게 본다, 내가 손해 봤다, 내가 더 잘났다, 내가 제일 잘 안다, 나는 못하다, 왜 이렇게 못할까' 같은 쓸데없는 감정적 소모가 줄어드니까요.

오늘은 언제 '나야 나' 하는 마음이 솟아나는지 한번 보세요. 내가 알고 있는 것을 누가 틀렸다고 말할 때 심장이 두근거리면서 열이 확 오른다면, '내가 더 많이 알고 있다'는 자만이 많은 건지 몰라요. '그것은 그것이다'라고 그냥 바로잡으면 되는데, '나를 뭘로 보는 거야?'라거나 '내가 그것도 모를까 봐?' 하며 화가 먼저 올라온다면 말이에요. 그렇다면 다른 사람을 깔보기 쉬운 잠재 요소를 갖고 있는 셈이에요.

마찬가지로 '나는 왜 늘 이 모양일까……' 하며 '다른 사람은 다 괜찮은데'라는 생각이 뒤따른다면 그것은 겸손이 아니에요. 실제 겸손한 사람은 그렇게 비교하는 마음이 거의 없답니다. 그러니 내가 남들보다 못하다는 생각도 자만이에요.

두 경우 모두 '나야 나'라는 의식이 너무 강하다는 말입니다. 이렇게 '나'를 꼭 쥐고 있으면 대화 중에도 '나는 어쩌란 말이야?', '나보다 나은 거잖아?', '나는 원래 알았는데' 등의 생각이나 말이 무심코 튀어나와요. 대화하면서도 계속 '나'에 집착하는 상태인 거지요. 그러면 자신도 상처받고 남도 상처 주기 쉬워요.

'나야 나'라고 하고 있을 때, '내가 나를 붙잡고 있구나' 하면서 그 마음을 알아보고 내려놓을 수 있는지 한번 보세요. 만약 한 번 이라도 그 마음을 알아보고 내려놓았다면, 무척 잘한 겁니다. 자신에게 손뼉을 힘껏 쳐주셔도 좋아요. '나'를 내려놓으면 내가 존중받지 못하는 건 아닐까, 존재감이 미미해지진 않을까 두려워하는 것과 달리 오히려 더 괜찮고 편안한 나일 수 있다는 사실을 발견하길 바랍니다. 아니면 '도저히 이런 건 못 참겠어, 싫어!'라고 거부할 수도 있어요. 둘 다 괜찮아요.

나에게 훨씬 솔직해야 합니다. 지금으로서는 나에게 이런 마음이 있지만 이래라저래라 하는 게 싫다는 거부감이 올라오면, 정확하게 '그렇구나' 하고 알아채야 해요. 그걸 고치려 하는데 왜 안되나 하고 바라보지 마세요. 그저 그 마음을 눈 감지 않고, 억누르지 않고 알아보는 것만으로도 커다란 진보예요. 완벽해지기 위해서가 아니라 내가 얼마나 완벽하지 않은 존재인지 아는 것, 그걸 알아간다면 잘하고 있는 거예요. 이건 믿으셔도 좋습니다!

말할 때
'나'를 빼보기

이 과제는 좀 더 어려울지 몰라요. 오늘의 과제 14의 연장선입니다. 오늘은 대화 중에 '내가', '내 생각에', '나는', '내'를 빼보는 거예요.

"나는 말할 때 '나는'을 잘 쓰지 않는데?"

저런, 또 쓰셨군요!

'나는 이러하다, 내 생각에, 내 느낌에, 내가 봤을 때, 내가 그랬잖아' 등 우리는 그 의견과 느낌이 조금이라도 내 것이 아닐까 봐 신경 씁니다. 자기 말이 맞고, 자기 느낌이 옳으며, 내 취향은 그거라고 계속 이야기하고 싶어 해요. 소통이란 게 본래 그런 것 아니냐고 할지도 몰라요. 그런데 '나'를 빼고도 다 소통할 수 있어요.

왜 '나'를 빼고 소통하길 권할까요?

앞의 과제에 이어서, 모든 상황에서 내가 '나'를 이토록 신경 쓰며 산다는 걸 알 기회가 되기 때문이에요. 또 '나'라는 단어를 일부러 빼보면서 제7식인 자아의식의 작용을 완화할 수 있어요.

우린 다 표현하진 않지만, 속으로는 이런 생각 참 많이 합니다.

'나 아니었으면!'

'나니까 이 정도 했지.'

'그때 내가 뭐랬어?'

'내 말이 맞지 않아?'

'내가 한 거라니까.'

왜 나는 나를 알아주지 않을까 봐 안달할까요? 무얼 그렇게 억울해할까요? 이 연습은 점잖고 착한 사람이 되기 위해서 하는 게 아니에요. '나'를 내세우고 '나'를 의식할수록 내가 무시당하지 않을까, 내가 중요한 사람이 되지 못할까 염려하며 상처받는 그 프레임에서 벗어나기 위해서 하는 거예요. '나'를 내려놓아도 나는 나이며, 나는 소중합니다. 그 사실엔 변함이 없어요.

우울의 무한성

키르케고르는 우울을 몸소 겪으며 그것에 대해 탐구한 철학자예요. 그는 《이것이냐 저것이냐》 제2권에서 우울의 특징을 이렇게 묘사했어요.

우울에는 설명할 수 없는 무언가가 있다. 슬픔이나 근심을 지닌 사람은 어째서 자신이 슬프거나 근심하는지 알고 있다. 그런데 우울에 사로잡힌 사람에게 우울의 원인이 무엇이며, 무엇이 그를 그렇게 무겁게 짓누르느냐고 묻는다면 그는 "나도 모르겠소. 도무지 설명할 수가 없습니다"라고 대답할 것이다. 바로 여기에 우울의 무한성이 있다.

－《이것이냐 저것이냐》, 키르케고르

'우울의 무한성'이라, 정말 깜깜한 말이죠. 우울함에 사로잡힌 사람은 우울의 원인을 설명할 수 없다고 했어요. 그렇지만 갑자기 사소하게 우울하다고 느낄 때 자신을 관찰해보세요. '설마 그것 때문에?'라고 생각될 만큼 너무 작은 일로도 우울해지곤 해요.

내가 받아야 할 칭찬이 다른 누군가에게 돌아갔거나, 내가 보낸 관심에 아무런 답을 듣지 못했거나, 마치 그 사람이 내게만 못마땅한 표정을 지은 것 같거나, 나만 그 정보를 듣지 못했거나 같은 식이죠. 즉 애정을 주리라 기대하는 상대에게 기대만큼의 피드백을 받지 못하면 우울함을 느껴요. 우울함은 못난 내가 싫어서 싸늘하게 식어버린 상태와 같죠.

타인의 피드백에 내 마음이 온통 가 있으면 나는 잠재적 우울 요소가 가득한 사람이 됩니다. 그러나 타인의 피드백이 언제나 좋을 수는 없고, 기대한 만큼 받는 것도 쉬운 일은 아니죠. 나 자신도 타인에게 언제나 좋은 피드백을 해주거나 그의 기대를 잘 읽어서 부응해주지 못하잖아요.

그러니까 타인의 피드백에 주파수를 온통 맞추고 있으면 자주 우울할 수밖에 없어요. 일단은 밖으로 뻗은 시선을 안으로 돌려서, 나를 돌봅시다.

풀이 죽었을 때
의지 되찾기

내 뜻대로 일이 풀리지 않을 때는 우울함이 스멀스멀 차오릅니다. 그럴 땐 아무리 혼자서 괜찮다고 다독여도 한동안 풀이 죽어 있기 마련이에요. 이 손님이 왜 다시 찾아왔을까요?

어쩌면 나도 모르게 결과에 너무 큰 기대를 품었을지도 몰라요. 아니면 내 뜻대로 되기를 바라는 마음을 도무지 놓을 수 없는지도 모르죠. 그저 상황 자체가 너무 안 좋았을 수도 있고, 단지 운이 나빴을 수도 있습니다. '자, 잘 풀리는 상황이 아니었다. 애 많이 썼고, 다음에 잘하자!' 이런 응원을 해주고 싶어요. 그러나 말로는 너무 부족하죠.

그럴 때는 기억의 한 점으로 돌아가면 좋아요. 결과를 기대하고 한 게 아니었던 순간으로 말이지요. 그 일이 그냥 좋아서, 나를 잘 표현할 수 있어서, 하는 동안 재미있어서, 또 누군가에게 보탬이 되니까 등의 선한 의도가 처음에 분명히 있었을 거예요. 그런데 결과가 잘 안 나오고 평가에 이리저리 흔들리면서 그 선한 의도를 잊은 거죠. 나를 일으킬 힘은 그 선한 의도에 있어요.

본래의 순수한 의도를 떠올려보세요. 단지 기억 속의 장면을 떠올리라는 말이 아니에요. 더 중요한 건, 처음에 그걸 하면서 좋았던 감각 자체를 기억해내는 거예요.

명상에서는 '기억'이라는 단어가 자주 등장해요. 우리말로 '기억'이라고 번역하는데, 우리말에서 기억은 옛날 일을 간직하거나 떠올린다는 의미잖아요? 명상에서 이야기하는 기억은 의미가 더 확장돼요. 예를 들어 지금 글자를 따라가며 읽을 때 기억이 없다면, 같은 문장을 계속 처음부터 읽어야 할 거예요. 앞의 내용을 기억하지 못하면 그다음 줄을 이해하기 어려우니까요. 이처럼 기억이 미세한 순간을 알아차리는 힘이라는 뜻도 포함한다는 얘기예요.

제가 순수하게 기뻤던 순간을 기억해야 한다고 말한 건, '그땐 참 좋았지' 정도의 회상이 아니에요. 감각적인 차원에서 그 일을 할 때 어떤 점이 기뻤는가, 어떤 감정이 밀려왔고, 그때 내 손끝 발끝은 무얼 하고 있었나, 고개는 어떻게 하고 표정은 어땠는가 등을 기억해내고 더듬어 지금 그대로 재현해보는 일을 말해요. 그 상황 속에 다시 푹 빠져보는 거죠.

실제로 좋았던 감각적 기억을 지금 이 자리의 몸으로 데려오는 데 집중해보세요. 아마 어떤 위로와 응원의 말보다 다시 일어나서 그 일을 하게 하는 데 효과가 있을 거예요. 내가 이 일을 왜 하고 있는가, 왜 계속하고 싶은가 하는 선한 의도는 구체적인 기쁜 감각의 기억 속에 있어요. 거기서 발견한 선한 의도는 계속 개발해가면 좋아요.

다만 감각 자체는 다르마의 법칙, 무상함을 그대로 드러내는 요소지요. 여기서는 그 감각을 통해서 선한 의도를 다시 발견하는 카드로 쓴 것입니다.

화를 화로
받지 않기

예전에 업계에 소문이 자자한 영업사원을 만난 적이 있는데, 그가 그러더군요. 보험을 팔려고 해서는 안 된다고 말이지요. 고객이 살 것 같은 인상을 줄 때도 마음이 흔들려서는 안 된다고 하더라고요. 자신은 지금 고객에게 좋은 정보를 제공한다, 그를 돕는다는 마음을 계속 유지하는 게 세일즈의 비결이고 동시에 그것이 늘 어렵다고 하더군요. 그는 보험을 계약하는 순간만큼은 자기 마음을 컨트롤하는 명상 상태에 있는 게 분명해요.

'한 마음을 그대로 유지한다', '대화할 때도 그렇게 한다' 이러기가 참 어렵습니다. 그러나 도전해볼 가치는 충분히 있습니다. 그 한 마음이 좋은 마음이라면 더더욱 그렇지요.

저는 화가 나 있거나 불만이 가득 찬 상대와 대화할 때, 상대의 화가 스스로 가라앉고 그가 문득 자신을 바라보는 모습을 이따금 경험해요. 지금 상대가 화가 나 있고 불만이 가득하다면, 제가 그것을 해명하거나 같이 화내거나 제 의견을 관철하려 할수록 대화는 더 꼬일 거예요.

이때는 상대의 눈을 깊게 바라봅니다. 진정성 있는 눈빛은 연출이 아니라 나를 위한 일이에요. 그가 몹시 화가 나 있다면, 거기에 같이 휩쓸리지 않고 그 태도 너머의 그 사람 자체를 보려고 합니다. 그가 지금 이렇게 펄펄 뛰는 데는 분명히 이유가 있으니까요. 그리고 펄펄 뛰는 모습이 그의 모습 전부가 아니니까요.

신기하게도 저에게 그의 좋은 점이 보이기 시작할 때부터, 상대도 자신의 감정에 휩싸여 있다가 조금 빠져나옵니다. 사람은 동물이에요. 뭔가 낌새로 알아차려요. 그러면서 그의 태도가 조금 바뀝니다. '이 사람이 나에게 맞서거나 나를 누르려 하지 않는구나', '내 얘길 듣는구나' 하고 알아차리니까 자신이 그렇게 화낼 필요가 없다고 느끼는 거죠.

물론 대화할 때 상대의 눈을 진정성 있게 깊이 바라보는 이 작업은 가족이나 친한 친구처럼 가까운 사람에게는 처음부터 하기 어려워요. 아마도 중요한 문제로 대화할 때는 거의 실패할 거예요. 그들과는 이미 주고받은 상처, 서로에 대한 집착과 애정이 너무 강하거든요. 그래서 나 스스로도 그 원인을 파악하고 이해하는 데 시간이 필요할 뿐만 아니라 상대도 마찬가지예요. 그렇지만 사회생활에서 겪는 사소한 인간적 갈등은 이 방법으로 해결할 수 있습니다.

눈 보고 말하기

저는 우울증에 빠졌을 때 사람들과 눈을 마주치지 않았어요. 요즘도 시야가 좁아지는 징후가 오면 두려워요. 그것은 뭔가 상태가 안 좋아질 때 돌아오는 저만의 느낌입니다. 그때는 누군가의 눈을 보기 싫어요. 내 안으로 자꾸 파고들게 되죠. 편의점에 가서 물건 살 때, 늘 보는 동료를 출근길에 만났을 때, 자주 가는 가게의 주인과 마주쳤을 때 상대가 먼저 알은체하지 않으면 그를 투명인간 취급합니다. 그런데 이상하게도 스마트폰은 더 많이 만지작거리죠. 그저 사람의 눈을 피하고 싶은 거예요. 그것은 결국 나의 눈을 피하는 일이고요.

김용택 시인이 시골에서 아이들을 가르치면서 자주 겪는 일화를 이야기한 적이 있어요. 일을 보고 있으면, 아이들이 놀다가 갑자기 뛰어온대요. 그러고는 "선생님, 선생님" 하면서 자기대로 벌어진 일을 너무나 심각하고 다급하게 낱낱이 알려준대요. 그런데 그 시인 선생님은 아이가 말하는 내용을 듣는 게 아니라(어차피 내용은 별것이 없대요!) 아이의 온몸과 마음으로 이야기하는 그 자세와 태도에 흠뻑 빠져든다는 거예요. 온몸과 마음으로 이야기하고 온몸과 마음으로 주의를 기울여 듣는다, 이거야말로 진정한 사랑의 표현 아닌가요!

오늘 하루는 누군가를 만날 때마다 평소보다 훨씬 열린 태도로 부드럽게 웃어주세요. 눈을 보고 이야기하세요. 가능하면 그가 이야기할 때 온몸과 마음으로 들어봅니다. 아마도 내용은 별것이 없을 거예요. 그렇지만 그 자체로 내가 좋아집니다. 웃음을 되받기 위해서나 좋은 인상을 남기기 위해서가 아니에요. 그 사람 너머의 무엇을 보기 위해서, 나를 더 잘 보기 위해서입니다.

욕먹는 연습

어느 정치인의 책을 진행할 때 그가 해준 이야기가 있어요.

"정치 처음 할 때요, 뭘 먼저 배우는지 아세요?"

"글쎄요??"

"저쪽에서 사람들이 나를 막 욕하고 있으면, 그쪽으로 걸어가 웃으며 인사하는 거 연습해요. 처음에는 어떻게 사람이 그렇게 하나 싶은데 연습하니 되더라고요."

좀 놀랐습니다. 역시 정치인 아무나 하는 게 아니구나 싶기도 하고, 한편으론 욕먹는 것도 연습을 하면 되는구나 싶었어요. 평범한 우리야 누가 손가락질 한 번, 아니 약간 매운 눈초리만 보내도 흠칫 놀라면서 온종일 기분이 좋지 않고 그런 눈빛 안 받으려고 전전긍긍하며 사는데 말이죠. 정치인처럼 그 정도의 뻔뻔한 트레이닝까지는 아니더라도, 욕먹어도 무너지지 않는 연습은 누구에게나 필요해요.

특히 사람을 많이 만나는 일을 하거나, 조직생활이든 가정생활이든 연차가 올라갈수록 아무래도 욕먹을 기회(!)가 늘어나잖아요. 결정할 일도 많고 얽힌 관계도 늘어나고, 한마디로 관계의 중추가 되게 마련이니까요. 물론 이건 표면적인 이유이고 사실 그보다 더 중요한, 그렇지만 잘 말하지 않는 비밀이 하나 더 있어요.

연차가 늘어간다는 건 경험이 쌓여간다는 겁니다. 솔직히 그럴수록 '내가 잘하고 있나?' 되돌아보게 되고 자신감이 저하될 때가 많아요. 그 사람이 겉으로 얼마나 잘나가느냐와 상관없이, 또 '저 사람은 찔러도 피 한 방울 안 나오겠다' 하는 주변 평가와 상관없이 자기 일의 경험치가 올라가면서 자신의 부족한 점을 자꾸 보게 되니까요. 다시 말해 어느 정도 연차가 쌓이면 멘탈이 누구보다 강해져야 맞을 것 같은데, 오히려 잔금이 많이 가 있기 쉬워요. 그럴 때는 약간의 욕만 먹어도 마음이 부서질 수 있어요.

아무래도 많이 노출될수록, 연차가 늘수록 칭찬도 받고 욕먹을 일도 늘어요. 칭찬만 늘길 원하는 건 지나친 욕심이란 걸 이해해야 하죠. 욕과 칭찬은 동전의 앞뒷면처럼 함께 오니까요. 조금 더 깊게 들어가면 '갈애渴愛'라는 원인과 만나는데요. 한마디로 무언가 욕망했기 때문에 그 대가를 치르게 된다는 이야기예요. 아무리 나대로 열심히 살았더라도 욕은 먹을 수 있다는 걸 받아들여야 해요. 다만, 그 욕으로부터 내 마음의 깊은 곳은 지켜야 하지요.

제가 아는 어떤 사장님은 회사에서 자기만 따돌림당한다고 고백합니다. 그 사장님의 성격 때문인지, 우리나라 조직문화의 특성 때문인지, 직원들과의 궁합 때문인지, 세대 차이 때문인지 모르겠지만 아마도 이 모든 게 복합적으로 얽혀 있지 않을까 싶어요. 할 수 있는 건 조직문화를 바꾸는 게 아니고, 나를 바꾸는 거예요. 그게 내가 할 수 있는 영역이죠.

이때 주의할 점은 나는 나를 바꾸고 있는데, 상대는 자기를 바꾸지 않는다고 그에게 손가락질하는 거예요. 오로지 내가 얼마나 쇄신해가느냐만 관심을 두는 게 좋아요.

악성 댓글 대처하기

눈을 감고 몇 번의 심호흡으로 마음을 가라앉힙니다.

오늘은 최근에 접한, 마음에서 지워지지 않는 나에 관한 악성 댓글을 떠올려봅니다. 그 댓글을 분석하는 생각에 따라가지 마세요. 또 댓글을 단 사람에게도 마음이 따라가지 않게 하세요.

단지 그때 나는 얼마나 아팠는지 느끼세요.

자신을 깊이 포근하게 안아주세요.

포근히 안긴 느낌을 한동안 유지합니다.

그런 다음, 생각해봐요.

그 사람이 나에게 어떻게 대해주면 좋았을까요?

어떤 말을 해줬으면 좋았을까요?

다시 한번 자신을 깊이 안아줍니다.

이제는 그 말을 한 상대의 입장이 되어 나를 바라보세요.

그는 그 말을 할 당시에 나의 어떤 부분을 보고 있었을까요?

그 사람의 진짜 속마음은 무엇이었을까요?

그가 그 말을 했을 때 말고, 그는 어떤 사람인가요?

이제 나로 돌아옵니다.

그가 본 나의 모습 말고, 나에게는 어떤 모습들이 더 있나요?

나는 어떤 사람인가요?

자신을 잠깐 안아주세요.

이제 좀 더 여유롭게 자신과 상황을 지켜봅니다.

그 말 자체를 받아들일 가치가 있나요?

이 일을 어떻게 하면 발전의 계기로 삼을 수 있을까요?

심호흡을 하고 가만히 눈을 뜹니다.

7장
·
생각
지켜보기

진정한 여행자는
동일한 사물을 다양한 관점에서
새로운 시선으로 바라본다.

올리비에 르모

중간 항로에서

"나 어떻게 해야 돼?"

후배가 자기 고민을 털어놓고는 제 대답을 기다렸어요. 주섬주섬 답을 했더니, 이런 말이 돌아왔어요.

"언니, 내 비밀 하나 말해도 돼? 난 누구 이야기도 안 들어!"

"야, 근데 왜 물었어!"

그러면서 같이 웃었는데, 어딘가 뜨끔했어요.

'이건 세상 모든 사람의 비밀이잖아!'

답답한 마음에 털어놓고 조언을 구해요. 고개를 꾸벅이며 듣죠. 그러나 결국엔 내 마음대로 하지 않나요? 모두가 나다운 말씨와 나다운 행동을 하며 나다운 속도로 살아요. 사람은 그런 동물입니다. 부모님 말씀을, 선생님 말씀을, 사장님 말씀을, 연인의 말을, 친구의 말을 다 듣고는 내 마음대로 하죠.

그러나 재미있게도, 돌아서서는 모두 비슷한 이야기를 합니다.

"나답게 살고 싶어."

"나 자신을 잃어버린 것 같아."

자꾸 눈치를 보며 평범해 보이는 선택을 해온 건, 정말 나답지 않은 일이었을까요?

카를 융에 따르면 인생 전반기는 역할에 맞는 사회적 가면, 즉 페르소나를 만들고 강화해가요. 이 페르소나를 내면의 진실로 착각하죠. 페르소나와 자신을 동일시하고 그것을 자기 개성으로 여겨요. 다들 회사에서, 집에서, 친구나 연인 사이에서 그때그때 그에 맞는 역할을 연기하며 살고 있으니까요.

일 욕심 있는 성실한 직원, 고분고분한 첫째 딸, 씩씩한 아내를 소화해가죠. 어느 정도 그 역할에서 성공을 거두기도 하고요. 그러나 그것은 어디까지나 사회적 얼굴이에요. 가면이 본래의 얼굴이 될 수는 없잖아요.

정신분석학자 제임스 홀리스는 마흔 즈음을 '중간 항로middle passage'라고 이름 붙였어요. 졸업, 취직, 결혼, 출산 등 어른이 갖춰야 한다고 말하는 통과의례를 막 거쳤을 무렵을 말하죠. 해야만 한다고 믿었던 인생 과제들을 남들이 하는 방식대로 해왔는데, 그 방향에 의문이 들거나 뭔가 맞지 않는 느낌이 이때 밀려

든다는 거예요.

중간 항로는 사회적·대외적 가면들이 내 얼굴은 아니라는 걸 뚜렷하게 자각하는 시기예요. 제임스 홀리스는 중간 항로를 자신의 진짜 존재를 만날 수 있는 2차 성인기라고 했죠. 이 시기를 잘 여행하면 더 의미 있는 삶을 살 수 있다고 했어요. 무엇보다 이때는 삶을 재평가하고, 무섭지만 해방감을 주는 질문 앞에 서게 된다고 했죠.

그 질문은 '지금까지 살아온 모습과 맡아온 역할들을 빼고 나면, 나는 대체 누구인가?'예요.

"당신은 누구입니까?"

비즈니스 코칭 워크숍에서 자주 하는 첫 질문이에요.

"저는 강릉에 사는 37세 회사원 ○○○입니다."

"그리고요, 당신은 누구입니까?"

"2016년에 결혼해서 아들 하나 두고 있고요. 아내는 같은 회사 다닙니다."

"그리고요?"

"1남 1녀 중 막내로 태어났고, 전자공학을 전공했고, 지금 하는 일은……."

"그리고요?"

"3월생이고, 축구 동호회에서 활동합니다."

"그리고요?"

코치는 같은 질문을 거듭합니다. 질문을 받은 사람은 처음에는 자신에 대한 외적인 설명을 해요. 더 들어가면 자신의 취향이나 가치관, 성격 같은 내적 구성 요소가 나와요. 자기를 내외부로 정의하는 '말'들이 다 나오면? 그 뒤로도 이어지는 "그리고요?"에 사람들은 대개 충격을 받아요.

나에 대해 더 설명할 것이 없는데, '당신은 누구냐?'라니!

'나, 나는 누구지?'

문득 막막한 슬픔을 느낍니다.

내가 나에 대해 아는 것은 내 이름과 직업, 나이, 사는 곳, 가족들, 친구들, 내 성격과 취향 등이에요. 우리가 정체성이라고 부르는 것들이죠.

'난 이런 직업을 가졌어, 내 성격은 이래, 내 취향은 이렇지, 우리 가족은 말이야⋯⋯.'

내 가족이나 직업, 능력, 취향, 성격 등이 곧 나라고 생각하며 살아요.

그런데 '나는 누구인가?'라는 질문을 반복해보면, 그 정체성은 어디까지나 나에 '관한 것'이지 '나'가 아닌 거예요.

그럼 나는 누구지?

'나는 누구인가?'라는 질문은 '나'라는 껍데기를 보여줍니다. 그리고 그 껍데기를 벗게 합니다.

나에 관한 설명 문구를 지운 하얀 도화지 같은 이 상태, 그러면서도 내가 존재하고 있음을 뚜렷이 아는 경험은 대단히 중요해요. 자크 라캉의 정신분석에서도 (말로 자신을 설명하는) 정체성이라는 허상 대신에 존재의 전환을 이야기했어요. 이런 상태는 있는 그대로의 나로 존재할 줄 알고, 자기 내면으로 다가가는 새로운 길을 열어줍니다.

'나는 누구야?'
질문하기

이 코칭 기법은 '인도의 성자'로 불리는 라마나 마하리시가 쓰던 방법이었어요. 마하리시는 '나는 누구인가'라는 이 질문 하나로 인류를 깨웠어요. 이 질문을 거듭해서 들어가면 가짜 자신이 떨어져 나가고 본래의 자신이 드러난다고 했죠.

물론 마하리시가 쓰던 방법은 여기서 훨씬 더 깊이 들어가요. 마하리시는 몸을 단련하고 참선하고 화두를 붙잡고 경전을 보는 등 수행법이 많지만, 진정한 깨달음을 얻고 싶다면 이 질문 하나만 집요하게 파고들라고 했어요.

'나는 누구인가?'

'나는 누구인가?'를 자주 물으면, 소크라테스를 친구로 옆에 두는 것과 같아요. 소크라테스 하면 인생길에 현명한 조언을 막 풀어주었을 것 같지만, 소크라테스가 평생 광장에서 무엇을 외쳤나요? 그는 훌륭한 철학 이론을 설파하지 않았어요. '네가 안다고 생각하는 것'을 진짜 아는지 하나씩 물어서, '네가 아는 것이 진짜 아는 것이 아니다'라는 사실을 알게 했을 뿐이에요.

하루의 많은 틈에서 '나는 누구야?'라고 물어보세요. 동료와 커피를 마시다가도 '나는 누구야?', 전철을 타고 집에 갈 때도 '나는 누구야?', 밥을 먹으면서도 문득 떠오르면 '나는 누구야?', 전화를 끊고 나서도 '나는 누구야?' 하고 물어보는 거예요.

아무런 답이 나오지 않아도 괜찮아요. 그 순간에 그냥 '멍'해도 됩니다. 아마 거의 그럴 거예요. 나에 관해서 계속 설명하려 할 필요도 없습니다. 그 설명은 말 그대로 나에 대한 설명이지, 나는 아니니까요. 그냥 단지 묻습니다.

'나는 누구야?'

100번을 묻는다면, 한 번쯤은 이상한 느낌을 받을 때가 있어요. 그것은 가슴을 계속 두드리는 질문이거든요. 머리가 아닌 가슴이 답하게 하는 질문이지요. 살면서 양철로 막아놓은 그곳을 자꾸 두드리다 보면, 언젠가 삶이 응답할 거예요.

현실과 잘
접촉하기

저는 문자언어 애호가예요. 언어로 생각해야 하는 일이 많고, 생각 작용을 좋아하기 때문에 스스로도 많이 일으킵니다.

그런데 문자언어 애호가는 언어를 사랑하는 만큼 언어에 매이기 쉽더라고요. 그저 일상적인 일을 할 때 '이렇게 저렇게 하면 되겠다. 이건 이거였어'라고 진단하고 판단하고 설명하는 일을 속으로 무척 많이 하는데, 이는 실제 행위와는 크게 상관이 없거든요. 속으로 잘 설명하는 일도 실제로 해보면 그대로 구현되지 않을 때가 많죠. 이런저런 속말이나 생각의 작용이 실제 행위, 삶에는 별로 쓸모가 없어요. 오히려 속말을 하거나 언어로 정리하는 것보다 행위를 하는 그 순간에 행위 자체를 민감하게 파고들 줄 알아야 해요.

누구든 언제나 속말, 생각의 작용이 일어나요. 그런데 거기에 마음이 많이 가 있는 걸 경계하란 뜻이에요. 행위를 하는 순간에는 말이죠. 안타깝게도 신경 시냅스가 생각 작용에 귀를 바짝 기울이도록 연결된 사람들이 있어요. 이를 좀 지적으로 표현하면 이렇습니다.

'실재를 만나기보다는 언어로 먼저 이해하려는 성향이 강하다.'

제가 그런 사람이에요. 이런 성향이 있는지 예전에는 몰랐어요. 그런데 순전히 몸을 쓰면서 서서히 발견했습니다.

'아, 현실과 잘 접촉하지 못하는구나. 언어로 된 개념을 먼저 만나려 하는구나.'

예전에 비해서 많이 좋아졌지만, 이런 발견은 저를 기분 좋게 좌절시킵니다. 어떤 좋은 글보다 저를 깨워놓거든요.

요가 수업을 할 때 유난히 질문이 많은 사람이 있어요. 질문하기는 참 좋은 능력이죠. 그런데 질문을 통해 말로 알아내는 것들이나 책으로 알아내는 것들 또는 그것으로 사고 작용을 거치면 몸이 이해한다거나 자신의 삶에서 이해된다고 믿으면 안 돼요. 몸을 많이 써보지 않은 사람일수록 그렇게 믿죠. 사고 과정이 인지 과정이라고 여기면서 빠지는 오류거든요.

사람 사는 데는 의외로 생각의 힘이 그렇게 크지 않다고 봐요.

이런 내용을 정리할 때는 생각이 유용한 도구이지만요.

몸 쓰기와 생각에 관한 이야기였지만, 삶은 행위들로 이루어져 있잖아요? 그렇다면 일상생활을 할 때 생각을 어떻게 대해야 하는가를 알 수 있어요.

'미리 머리로 알아낼수록, 머리로는 알 수 없는 무언가를 행위 속에서 놓칠 수 있다.'

제가 내린 소박한 결론이에요. 아마도 선사들의 진리에서 크게 벗어나지 않을 겁니다. 그러니 부디 명상만이 아니라 무언가를 배울 때 자기 경험보다 언어로 된 생각, 개념, 이론을 미리 알려고 하는 습관이 있는지 되돌아보세요. 그 습관을 알아차리고 내려놓을수록 행위 속에서 무언가를 놓치지 않고 더 잘 알 수 있어요.

단순하게는 그럴수록 마음이 밝아지고 환해집니다. 이는 아상我相을 무너뜨려 가는 의미 있는 작업이에요. 이에 대해서는 얘기가 너무 길어질 것 같으니 다음으로 미루지요. 하여튼 행위 속으로 곧바로 뛰어들어 현실과 접촉해봅시다!

처음 하는
연필 깎기

우울증은 몸의 감각과 느낌에 흔적을 남기기 때문에 인지적인 과정만으로는 고칠 수가 없어요. 몸을 쓰는 연습을 통해서 치료해야 한다는 뜻이지요. 명상과 인지행동치료가 통합되어 만든 프로그램이 여기에 해당합니다. 저는 우울증만이 그렇다고 생각하지 않아요. 몸의 감각과 느낌은 계속 기억되고 어딘가에 새겨지고 있어요. 머리로 아무리 잘 이해해도 몸의 감각과 인지로 깨워가야 할 영역이 비교할 수 없이 더 크게 존재해요. 다시 한번 강조하지만, 삶은 사고력이 아닌 행위로 꿰어져 있으니까요.

오늘은 연필을 깎을 거예요. 옛날에 많이 해봤던 연필 깎기가 아니라 지금 연필을 깎습니다. 실제 지금의 내 행위 속에서 '디테

일의 디테일'을 알아갈 거예요.

'연필을 이렇게 돌리고 있네?'라거나 '연필심의 무르기가 이 정도였나?', '나뭇조각이 요 크기로 떨어져 나오네', '나뭇조각이 물결무늬로 깎여', '연필에 닿는 엄지손가락의 위치가 여기네' 등 마치 한 번도 연필을 깎아본 적이 없는 것처럼 깎아볼 거예요.

깎으면서 내 자세, 손가락의 위치, 연필심이 갈리는 소리, 칼의 리듬, 심을 감싼 나무의 질감 등을 세세하게 기억해봅니다. '이따가 이면지 버리러 가야지', '택배 배송을 집 앞으로 체크했나?', '어렸을 때 기차 모양 연필깎이가 있었어' 같은 생각에 아랑곳하지 말고, 바닥에 떨어지는 나뭇조각과 연필심 가루를 자세히 들여다봅니다.

사소한 이 행위 하나에도 삶의 디테일은 얼마나 많이 들어 있을까요?

사색의 맛

"나도 늙었구나. 봄이 되었다고 이렇게 적적하고 친구가 그립다니."

백련사의 학승 혜장은 다산을 기약도 없이 찾아오곤 했어요. 다산은 밤 깊도록 문을 열어두었다고 해요. 혜장과 다산은 시와 차, 학문으로 우정의 끈을 이어갔죠. 둘이 서로를 찾아 오가던 숲속 오솔길은 원래 나무꾼이 다니던 소로小路였어요. 1킬로미터 남짓, 천천히 걸어도 40분쯤이죠. 만덕산 산허리를 지나는 이 짧은 길은 보리밭과 갈대밭, 강진만 바다가 차례로 펼쳐져요. 대숲이 보였다가 차밭이 이어지다가 보리밭도 넘실거렸다가 동백이 줄지어 피었다가, 아기자기한 리듬이 있어요.

순전히 그 소박한 오솔길 하나 때문에 강진에 살고 싶더군요.

그 길이 특별히 좋았던 이유는 아주 좁은 길을 대숲이 에워싸고 있어, 자연에 있으면서도 약간 고립된 느낌 때문이었어요.

그 길을 몇 번 오가다 무엇이 필요한지 문득 알았죠.

사색!

내 귀에 들린 건 분명 사색이란 두 글자였어요.

'수련자로서 생각을 비워야 한다는 강박관념이 있지 않았나? 쓸데없는 생각을 비운다는 것이 그만 사색하는 맛까지 비웠던 건 아닌가?'

이런 생각이 들었습니다. 물론 생각을 비워야 한다는 생각을 했지, 생각을 잘 비운 건 아니었지만요!

심리학자 윌리엄 제임스는 저같이 생각하기 좋아하는 사람들에게 무척 유익한 이야기를 남겼어요.

"사물의 추상적인 근원을 파악하는 일에 지나치게 집착하면 (……) 질문만 많이 하고 실제로 책임질 행동을 거의 하지 않으면 너무나 많은 감각주의자들처럼 벼랑 끝에 서게 되고, 그리하여 염세주의에 빠져서 삶을 악몽으로 여기며 자살하고 싶다는 인생관을 가지게 된다."

무척 유익한 내용이 맞습니다. 저는 요가를 하면서 많이 나아졌지만, 그래도 '생각병을 고쳐야지'라고 너무 오랫동안 '생각'만 했습니다. 강진의 소로를 걷다가 '사색!' 하고 뚜렷하게 받은 계시는 그래서 반갑기도 하고 얼떨떨하기도 했습니다. 역시 송

충이는 솔잎을 먹어야 하나 싶었는데, 윌리엄 제임스가 또다시 유쾌한 대안을 주는군요.

"하지만 사색으로 얻은 질병을 효과적으로 치료하는 방법은 다시 사색하는 것이다."

그 뒤로는 사색을 껄끄러워하지 않고 합니다. 사색의 질감은 명상과 다르게 매우 좋죠.

생각을 붙잡지 않고 흘러가게 둔 채 지켜보는 게 명상이라면, 사색은 풀어야 하는 것들을 정돈하는 거예요. 달리 말하면, 생각의 편집 과정이라 할 수 있지요. 엉킨 사안을 정돈해서 제목을 붙이고, 좋은 아이디어가 나오면 끼워 넣고, 뺄 건 빼고 정돈하는 작업.

어디서 사색하면 좋나요?

광활하게 트인 자연 앞에서는 사색할 수가 없어요. 사색에는 약간의 고립감이 필요해요. 거기다 길과 꽃, 바람, 차 같은 아주 서정적인 것들도 있으면 좋죠. 그것들이 사색을 돕거든요. 생각이 잘 편집되었다면, 그건 내가 한 게 아니고 길과 바람과 꽃, 차가 가져다준 겁니다. 아마도 다산이 세기의 대학자 다산이 된 것은 강진의 그 오솔길과 거기 있는 바닷바람, 동백들, 솔잎들, 대나무와 찻잎 덕분일 거예요.

생각 없는
사색하기

사색을 생각의 편집 과정이라고 표현했지만, 사실 좋은 사색은 생각을 붙들고 하는 게 아니에요.

저는 책을 마무리할 때는 오솔길의 힘을 빌립니다. 동네 뒷산의 오솔길을 하루 두 번씩 다녀요. 작은 숲이 있고 작은 개울이 있고 나름의 정상(!)에 오르면 동네 저 멀리까지 한눈에 보이거든요. 일몰 때 오르면 멀리 작은 절에서 치는 종소리도 들을 수 있어요. 아침저녁으로 나가서 돌아올 때는 뭔가 가지런해져서 오곤 해요.

사색에서 중요한 것은 발견이에요. 사색이라고 해서 생각 자체에 주의를 두진 않아요. 산책을 나가서 마치 이방인처럼 처음인 것을 '굳이' 찾습니다.

여기 이런 나무가 있었어? 옆집 고양이 눈 옆에 얼룩점이 있네.

시멘트를 뚫고 나온 이름 모를 풀이 여기 또 있어. 김밥집 언니 앞치마가 바뀌었어. 오늘 구름 모양은 빙수 같다. 카페에서는 재즈가 흘러나오는구나.

생각 대신에 지금 스치는 바람, 들리는 노래, 길가에 버려진 껌 종이 따위에 마음을 맡길 때 생각이 저절로 편집되고 아이디어가 저를 향해 걸어옵니다. 가장 좋은 사색은 오감을 활짝 연 사색이에요.

오늘은 사색하기 좋은 길로 가봅시다.

이름을
안다는 것

이 글은 타이베이 관광지에서 조금 떨어진, 현지인들만 오는 카페에서 쓰고 있습니다. 지금 느끼는 이방인으로서의 이 감각이 너무 좋아요. 중국말은 아예 모르고, 영어 간판은 거의 없고, 그림으로만 모든 풍경을 받아들이고 있거든요. 마치 소리가 들리는 무성영화 같아요. 말들이 소리로 들릴 뿐 알아들을 수 없으니까요. 또 글자는 보이는데 그림이죠.

서점에 갔더니 물성으로서의 책을 만났어요. 그 나라 언어로 된, 처음 보는 작가의 무슨 내용인지도 모르는 책. 종이 냄새도 한번 맡아보게 되고, 내용을 판단할 틈이 없이 모든 걸 이미지로 경험하는 중입니다.

이렇게 무성영화 속 주인공처럼 보내면 놀라운 감각이 깨어날 때가 있어요. 글자를 알고 말을 알아듣고 나서는 알맹이를 관찰하지 않는 버릇이 생겼어요. 글이나 말이 상상력을 상당히 제한하지요. 그 낱말을 아는 순간 그것을 안다고 제쳐두니까요.

저기 물 위에 떠가는 한가로운 생명이 오리라고 알 때부터 오리는 픽토그램에 나오는 그 특징만큼만 알게 되죠. 납작한 입이 이렇게 튀어나오고 대가리는 옷걸이 윗부분처럼 생겨서 물 위에 떠가는 것, 오리.

눈앞에 오리가 있더라도 지금 그 오리에 관심이 없어요. 청록색 깃털이 섞여 있는지도, 부리에 점박이가 있는지도, 고개를 흔들 때 왼쪽 먼저인지 오른쪽 먼저인지도 전혀 궁금하지 않아요. 그것은 내가 이미 아는 오리니까요.

픽토그램의 세계에서 살아간다고 느낄 때가 있어요. 그러니까 이름을 아는 순간부터 실제로 그것을 모르게 되는 역설에 빠진다는 말입니다.

행인 관찰하기

한번은 카페에 앉아서 길 건너에서 한 중년의 남자가 버스를 기다리는 모습을 봤어요. 갑자기 저 사람이 서울대 출신의 판사라는 상상을 하자, 평범한 그 사람에게 지적인 인상이 풍겼고 그러면서도 상당히 고지식하다는 느낌이 들었어요. 입고 있는 옷도 튀진 않지만 좋은 브랜드 같다는 생각이 따라왔죠.

그런데 조금 뒤에는 연쇄살인 용의자라고 생각해봤어요. 평범함 속에 감춰진 사악한 표정들이 하나씩 눈에 들어오더군요. 내눈은 부지런히 숨은 섬뜩함을 찾았고, 그가 정말 수상하고 소름 끼치는 사람으로 보였어요.

이런 식으로 1분 뒤에는 다둥이 아빠, 그 뒤에는 주식 부자였다가 파산한 사람, 그 뒤에는 분노조절장애가 있는 마트의 블랙리

스트 고객 등으로 이름을 붙여서 그 사람을 관찰해봤어요. 어떤
인물이든 간에 그에 맞는 단서들이 몇 개쯤은 들어왔지요. 판사
로 봤을 땐 판사 같았고, 범죄자로 봤을 때는 범죄자처럼 보였으
며, 파산자로 봤을 때는 파산한 사람처럼 보였습니다.

내 마음은 타이틀에 따라 사고를 만들어내더군요. 그리고 그 사
고는 몇 가지 특징으로 정리되어 픽토그램으로 기록하려고 들었
습니다. 그런 과정에서 눈앞의 실제 사람은 온데간데없이 사라지
고, 타이틀과 픽토그램만 남는 거예요.

이런 사고의 작용은 일상에서는 이렇게 펼쳐지겠지요. 저 옷이
굉장한 브랜드라는 소리를 들으면, 뭔가 고급스러운 느낌을 찾게
마련이죠. 저 사람이 유명한 사람이라면, 왠지 남다른 면모를 찾
으려 해요. 저 사람이 1,000억대 자산가라면 부의 향기를 어떻게
든 찾습니다. 그렇게 찾아낸 단서들로 나는 진정한 샤넬, 유명인,
자산가를 인지합니다. 그러고는 머릿속에 샤넬, 유명인, 자산가
의 특징을 픽토그램으로 정리해 저장해놓습니다. 실제 눈앞의 그
사람, 그 물건은 이미 휘발되고 없어요.

내가 만나는 물건, 사람을 있는 그대로 만나고 있을까요?

오늘 하루는 가까이 있는 동료 한 명을 찍어서(그에게는 절대 비
밀이에요!) 그를 타이틀, 내 머릿속 사전의 픽토그램에 저장된 특
징들을 다 빼고 그저 한 사람으로 바라봅니다. 몇 초만이라도 괜

찮아요.

'나한테 잘해주는, 내가 알고 있으면 나쁠 것 없는, 내 취향은 좀 아닌, 출신은 어디고 집안은 어떻고, 외모와 성격은 이러저러한……' 이 모든 수식어를 지우고, 지금 눈앞에 그냥 한 사람이 보이나요? 마치 새 학년이 되어 만난 친구처럼 그를 그 자체로 바라봅니다.

진정한 수련자가
되려면

저는 카페에서 일을 하는 경우가 많기 때문에 사람들이 수다 떠는 풍경을 매일같이 봐요. 오전에는 엄마들이 모여서 이야기를 나누죠. 점심시간에는 회사원들이 몰려와서 폭풍 수다를 떨다 떠나요. 저녁이면 퇴근 후에 좀 더 차분하게 둘씩 모여서 깊은 이야기들을 나누는 모습을 봅니다. 그런데 카페에서 가장 활기찬 테이블은 언제나 남의 험담을 하는 곳이에요. 다들 신이 나서 거들고, 또 거들죠. 세상 어느 곳에나 이상한 사람, 못된 사람이 틀림없이 한둘씩 있나 봐요!

그런데 진정한 수련자, 수행자를 가르는 기준이 뭔지 아세요? 놀랄 만한 능력이 있거나 미래를 내다보는 통찰이 있느냐 같은 게 아니에요. 남 이야기 하기 전에 나를 볼 줄 아는가, 그걸 얼마나 잘하는가 하는 거예요. 이게 얼마나 무서운 기준인지요! 저는 정말이지 수련자 하기 싫습니다!

그러니까 다들 나 정도면 잘하고 있다고 여기기 쉽고, 내가 어떤지는 보기 싫거나 잘 안 보여요. 대신 좀 더 쉬운, 남을 유심히 보죠. 누가 잘못됐고, 뭐가 거슬리는지 이야기하길 즐겨요. 그런 이야기는 또 얼마나 재미있는지요.

한창 그런 수다 속에 있을 때 한발 물러나서 '나는 왜 그 사람이 잘못됐다고 여기고, 왜 그 점을 이렇게 거슬려 하지? 나의 어떤 부분을 건드려서 내가 이렇게 흔들리지? 그리고 나는 어떻게 살고 있지?' 하고 물어볼 줄 안다면, 무슨 일을 하고 살건 간에 진정한 수련자이고 수행자입니다.

자기를 잘 본다는 말은 그만큼 엄청난 거예요. 남의 이야기에 같이 들떠 있다가도 '나는 잘하고 있나?'를 1초라도 묻고, '이런 이야기가 나한테 도움이 되나?'도 1초쯤 물어본다면 눈빛이 좀 더 깊어질 거예요. 그리고 분명히 더 평화로워질 겁니다.

타인 판단하기 전에
알아차리기

오늘 하루는 남을 평가하기 전에 나를 1초만 돌아
봅니다. 반성하지 않아도 괜찮아요. 오히려 반성하지 않기를 바
랍니다.

'저 사람은 옷을 왜 저렇게 입지?'

이런 생각이 떠오르면, '나는 왜 저런 옷을 불편해할까?' 하고
묻습니다. '혹시 저 사람의 저런 면을 내가 불편해하는가?' 하고
잠깐 물어본 다음에, 답을 정리하지 말고 머릿속에 공간을 하나
만들어놓고 넘어가요.

'표정이 왜 저래?'

동료의 표정을 보면서 기분이 나빴다면, '나는 무엇에 기분이
나빴을까? 나를 무시한다고 느꼈나?' 하고 물어본 다음에, 머릿

속에 공간을 하나 만들어놓고 넘어가요. 여유가 있다면 방금 내 표정은 어떠했는지도 떠올립니다. 그런 다음 넘어가요.

'왜 말을 저렇게 해!'

상사의 피드백에 화가 올라와도 마찬가지예요. '나는 무엇에 기분이 나빴을까? 나를 무시한다고 느꼈나?' 하고 물어본 다음에, 머릿속에 공간을 하나 만들어놓고 넘어가요. 여유가 있다면 방금 나는 어떻게 대답했는지, 좀 전에 동료에게 어떻게 말했는지 떠올립니다. 그러고는 넘어가요.

'내가 이런 인간이었다니', '나는 왜 이렇지?' 하면서 또 다른 생각 속으로 빠져들지 말고 순간순간 '나는 이렇게 반응하는구나' 하고 알아차립니다. 그 반응에 끌려다니지 않되 그렇게 반응하는 나를 거울로 한 번씩 들여다보는 훈련이니까요.

8장

좋은 의도
기르기

왜 고독한 것일까?
자신을 제대로 사랑하지 못하기 때문이다.

프리드리히 니체

누군가를
위로할 자격

몇 년 전에 수련을 나가는데 고요한 새벽에 구급차가 와 있었어요. 아래층 남자의 어머니가 계단에 쪼그려 앉아서 울고 있더라고요. '설마!' 상황을 순식간에 알 수 있었어요.

"아들이 죽었어."

할머니는 인기척이 나자 고개를 들었고 일어나서 얼떨결에 제 품에 안겼어요. 할머니의 곱슬머리가 턱 밑을 간질였죠. 새벽이라 주변에 사람이 아무도 없었어요. 구급차 외에는 아직 아무도 오지 않은 모양이었어요.

혼자 사는 아들은 스스로 숨을 끊었어요. 그날 그 어머니는 며칠째 연락이 닿지 않는 막내아들의 집으로 새벽같이 올라왔어요. 문을 열자마자 아들의 주검을 목격한 거예요. 그는 알코올

중독자였어요. 술 먹고 질러대는 고함 때문에 주변에 사는 사람들은 모두 그 집을 알고 있었죠. 저도 그 소리에 짜증을 내던 사람 중 하나였고요.

가끔 시골에서 올라오곤 하던 그 늙은 어머니는 못난 막내아들 때문에 죄인 같아 보였어요. 우연히 몇 번 봤는데, 늘 고개를 숙이고 있었죠. 시골에서 싸 온 고구마나 마, 감자 같은 것을 가지고 아들이 소란을 피워서 미안하다며 몇몇 집을 순례하고 다녔어요. 그런 행동이 요즘의 정서에는 좀 맞지 않잖아요. 그렇지만 한눈에 봐도 시골에서 올라온 늙은 어머니가 참 안돼서 사람들은 푸성귀를 받았어요. 밤마다 술 먹고 소리 지르는 그 아들의 주정을 노모를 봐서 그나마 참아주었죠. 그러던 중에 일이 벌어진 거예요.

아들이 스스로 목숨을 끊은 것을 확인하고 혼자서 외로움에 떨고 있는 어머니를 위로한 적 있으세요? 저도 느닷없었고, 처음인 일이었죠. 이웃이지만 마주쳐도 늘 경계하며 살던, 왜 하필 이웃이 저런 못난 사람일까를 생각하며 짜증을 내던, 속으로 '저런 사람은 왜 사나' 했던 나 같은 사람이 이 어머니를 위로할 자격이 있을까요?

방금 아들을 잃은 늙은 어머니는 내가 뭐라고 기대서 울었고, 한동안 그렇게 함께 어슴푸레한 계단에 앉아 있었어요.

그해는 참 이상했어요. 그날 일이 있기 두 달 전에는 같이 일하던 사람이 그렇게 갔어요. 마지막까지 일로 통화하던 사람이 저여서, 그날 아침에 몇 통의 부재중 전화가 찍혀 있었어요. 다들 도대체 어떻게 된 일이냐며 저에게 물었어요. 같이 일하는 사람도, 가족도, 이런 일이 일어나면 정말 믿어지지 않고 할 말이 사라지죠. 그즈음 그가 힘들어하는 걸 알았지만, 설마 이런 일이 일어나리라고는 짐작이나 했겠어요?

하지만 사람도 동물이라 뭔가 느낌이란 게 있었나 봐요. 저는 그와 마지막 통화를 하고 끊으면서 뜬금없이 "나쁜 마음 먹지 마세요"라고 했어요. 그가 힘든 상황이란 걸 알았기 때문에 무심코 한 말이었는데, 진짜로 일이 벌어진 거예요.

삶은 보이지 않는 거미줄로 얽혀 있는 게 분명해요. 그 충격에 채 벗어나지 못한 채 얼떨떨할 즈음에 죽은 아들을 발견한 어머니를 위로하며 둘만 앉아 있게 되다니요. 위로할 자격이 없는 사람이 위로한다고 앉아 있으니, 사람이 그렇게 작게 느껴질 수가 없더군요.

너무 큰 슬픔은 감히 위로할 수 없어요. 아니, 위로라는 말이 맞긴 할까요?

재즈 피아니스트 빌 에번스는 가장 가까운 사람 세 명이 차례로 자살을 했어요. 그는 끊었던 약에 다시 빠져들었죠. 감히 상상조차 할 수 없는 힘든 그 시간을 겪은 다음, 음반을 발표했어요. 그렇게 나온 그의 마지막 앨범 제목이 'You Must Believe In Spring'이에요. '당신은 봄을 믿어야 해요', 봄을 기다린다가 아니라 봄을 믿어야 한대요. 그가 피아노 앞에서 담배를 물고 굽은 등을 하고는 붙잡고 싶었던 건, 봄이었던 거예요.

저는 종교가 없지만 종교를 가져야 한다면, 봄을 믿고 싶어요. 봄은 기다리는 게 아니고 믿어야 하는 무엇이 아닐까요. 누구나 막다른 골목길로 잘못 걸어 들어갈 수 있죠. 그렇지만 부디 그 길의 끝까지는 아니길 바라요. 감히 작은 저로서는 봄이 승리하기를, 그 길에서 돌아 나오기를 멀리서 바랄 수밖에요. 빌 에번스의 또 다른 곡 'peace piece'를 들으며 봄 쪽으로 걸어야 하는 이유를 생각해봤습니다.

타인의 행복
바라기

《숫타니파타》는 가장 오래된 불교 경전이에요. 2,300년 전쯤 인도의 아소카왕 이전에 쓴 것으로 보는데, 초기 경전일수록 내용에 종교적인 색채가 없어요. 당시 출가자들은 숲에서 잤고, 시체에 입혀놓은 옷을 벗겨 입고, 탁발(사람들이 보시하는 음식을 먹는 것)하며 수행했어요. 오늘날처럼 사원이 따로 있거나 정해진 옷을 입는 등의 겉치레가 없었어요. 붓다 역시 깨달은 다음에, 제자들과 함께 숲에서 수행하면서 사람들이 찾아오면 묻고 답하면서 가르침을 전했어요.

초기 경전을 보면, 붓다는 제자들과 소박하게 살면서 사람들을 만나 이야기를 나누어요. 사람이 행복하려면, 고통받지 않으려면, 어리석지 않으려면 어떻게 하는 게 좋을지를 아주 쉬운 비유와 우화로 함축해서 전하죠. 관념적인 내용이 없어서 몸-마음으로 받아들이기 수월해요. 그중 '자애의 경Metta-sutta'은 매우 아름다워서 많이 독송되고 있습니다.

오늘은 '자애의 경' 한 부분을 발췌해서 낭송합니다. 소리 내어 읽을 수 있으면 좋겠네요. 여러 번 읽어도 좋아요. 소리를 내기 어려우면 마음으로 읽습니다. 아주 작은 부분만 따왔기 때문에 몇 번 읽으면 외울지도 모르겠어요. 외우면 더 좋지요.

존재하는 모든 것들은
행복하여라. 평안하여라. 편안하여라.

어떤 살아 있는 존재들이건,
동물이거나 식물이거나 남김없이,
길거나 크거나
중간이거나 짧거나
조그맣거나 거대하거나,

보이는 것이나 보이지 않는 것이나,
멀리 사는 것이나 가까이 사는 것이나,
태어난 것이나 태어날 것이나,
존재하는 모든 것들은 행복하여라.

흔히 봉사하는 사람들이 "봉사는 내가 좋아서 하는 거예요. 봉사하면 마음이 즐거워요"라고 말하지요. 이 '자애의 경'에 나오는 '존재하는 모든 것들은 행복하여라'라는 말도 마찬가지예요. 내가 타인의 행복을 빌면 내가 행복해져요.

이때 타인이라고 하면 너무 범위가 넓으니까 지금 이 자리에 있는 사람들로 한정하면 좋아요. 그 자리가 사무실이라면 사무실 사람 모두, 비행기 안이라면 이 비행기에 탄 사람 모두, 길거리라면 나를 스치며 지나가는 사람들 모두, 식당 안이라면 손님 모두, 내 방 안이라면 내 방에 있는 존재(나를 비롯해서 화분이나 벌레까지)의 행복을 빌어요.

하루는 장소를 옮길 때마다 하니 좋더군요. 수련실, 전철, 식당, 집, 카페, 작업실 등. 내가 이동해서 도착한 곳, 지금 내 몸이 있는 곳에 함께 있는 사람들의 행복을 진심으로 빕니다. 10초면 충분해요. 겨우 10초를 썼을 뿐인데 행복해지는 건 나 자신이랍니다.

나에게 전하는
행복의 말

특정 단어나 구절을 반복하며 마음을 모으는 수련이 있어요. 진언眞言 또는 만트라mantra라고 하죠. 우리가 아는 '수리수리 마하수리sri sri maha sri'도 만트라 가운데 하나예요. 만화에 나오는 마법의 주문인 줄 알았겠지만, 이는《천수경》에 나오는 정구업진언淨口業眞言(입으로 지은 죄를 깨끗이 하는 말)의 일부예요.

뜻은 '거룩하십니다'에 가까워요. 재밌지 않나요? 남에게 나쁜 말을 했을 때 하는 진언이어서 '반성합니다. 잘못했습니다'라고 해야 할 것 같은데 오히려 아주 좋은 축복의 말, 고귀한 말을 스스로에게 함으로써 부정적으로 내뱉은 말을 닦아갑니다.

앞에서 타인의 행복을 빌었다면, 오늘은 진심으로 나의 행복을 빌어줍니다. 모진 말은 남보다 나에게 많이 하지요. 내가 아무리 작아도 나는 고귀한 존재라는 사실을 상기시키는 거룩한 말을 해볼 거예요. 가슴에게 말하세요.

'내가 행복하기를. 내가 고통받지 않기를. 내가 거룩한 사람이기를.'

오늘 하루 틈틈이 해봅니다. 저는 오른손을 가슴에 올리고 하니 더 절실한 마음이 우러나오더라고요. 몇 번이 되었든 그 말을 하는 순간에는 진실로 나에게 행복과 사랑, 경의를 표현해주세요.

별을 본다는 것

칠레 아타카마 사막에는 지구에서 가장 큰 망원경이 있어요. 그곳은 먼 과거의 관문이죠. 하필 왜 그곳에 가장 큰 망원경을 만들었을까요? 지구에서 별을 보기 가장 좋기 때문이에요. 그곳은 너무 건조한 지대라 지질이 수만 년 전 지구의 환경을 그대로 보존하고 있어요. 또 사막이 드넓어서 다른 어떤 빛의 방해도 받지 않고 별을 탐구할 수 있죠. 그래서 마치 영화인이 할리우드에 진출하듯, 천문학자라면 아타카마 사막에서 별을 연구하고 싶어 해요.

다큐멘터리 〈빛을 향한 그리움〉에서는 천문학자들의 로망인 그곳에서 별을 보는 학자들이 나와요. 그런데 뜬금없이 낭만적인 별과는 전혀 어울릴 것 같지 않은 정치적 사건이 매칭됩니다.

아타카마 사막은 천문학자들의 꿈의 터전이면서, 동시에 피노체트 군부 독재정권에 희생당한 사람들의 유해가 흩뿌려진 곳이에요. 피노체트 정권은 17년 동안 사람들을 고문하고 죽여서 시신을 사막에 흩뿌려 은폐했어요. 발표된 숫자는 3만 명, 실제로는 6만 명 정도라고 해요. 유가족들은 30년째 사막을 헤매며 돌아오지 못한 가족의 뼛조각을 찾고 있습니다. 그들의 뼛조각 찾기는 광활한 우주에 이름 모를 별을 찾는 것만큼이나 아득해요. 망원경이 필요한 건 오히려 그들이지요.

다큐멘터리에서는 피노체트 정권에서 살아남은 사람 중에 한 여자의 사연이 나오는데, 가슴이 먹먹했습니다. 그 자신이 아기였을 때, 정권에서 이 아이의 부모가 어디 있느냐고 아이의 할머니와 할아버지를 협박했대요. 말을 하지 않으면 손녀를 죽이겠다면서요.

할아버지와 할머니는 선택을 해야 했어요. 자식을 살릴 것인지 손녀를 살릴 것인지. 그들은 손녀를 살리기로 했습니다. 아이의 부모가 있는 곳을 알려주었고, 부모는 죽고 아이는 할아버지 할머니 손에서 컸어요. 그 손녀가 지금은 한 아이의 엄마가 되었고, 천문학자가 되었어요.

그녀는 할머니 할아버지에게 사랑을 많이 받고 자랐지만, 가끔 가슴이 너무나 답답했다고 해요. 그때마다 별을 봤다고 합니다. 그것이 천문학자가 된 계기라고 하더군요. 그녀가 별을 보며 받은 위안은 무엇일까요? 완전한 죽음은 없으며 모든 게 하나의 흐름, 순환의 일부로 자신이 시작도 끝도 아닌 과정일 뿐이라는 사실 아닐까요.

수십 년 동안 과학계는 로맨틱한 구호를 외쳐왔어요.
'우리는 별에서 왔다.'
이 말을 이해하려면 별의 생애를 봐야 하죠. 별은 평생 핵융합을 해서 갖가지 원소를 만들어 자기 안에 저장해놓습니다. 생명의 기본 요소인 원소들을 만드는 공장인 셈이에요. 그런데 이 별이 죽을 때 자신이 평생 만든 원소들을 우주로 돌려보내요. 탄소, 수소, 질소, 산소, 황, 인 등이죠. 놀랍게도 우리 몸을 이루고 있는 구성 원소와 같아요. 우리 몸과 별의 구성이 같다는 사실, 별이 죽음으로써 원소를 우주로 다시 돌려보낸다는 사실에서 재생과 죽음이 하나로 연결되죠.
별의 죽음은 죽음이 아니고 우리의 죽음도 죽음이 아닌 거예요. 우주적 시간으로 보면 서로가 서로의 성분이 되면서 돌고 도는 뫼비우스 띠예요.
삶과 죽음도 만남과 헤어짐도 띠 위에서 계속 연결되죠. 우리는 언젠가 다시 만날 거고요. 아마도 그 천문학자는 부모의 죽음이 나의 삶이 되었다는 잔혹한 사실 너머에 있는, 더 큰 진실을 별에서 봤을 거예요. 그런 위로는 어떤 위대한 인간도 할 수 없습니다.

제게는 필름이 끊어진 기억이 있어요. 그 기억은 도무지 찾을 수가 없어요. 찾아야 한다고 생각조차 하지 않았지요. 그런데 문득 명상을 하다가 깜짝 놀란 적이 있습니다. '그 기억을 찾아야 하는가?' 감히 이렇게 물어볼 정도의 용기는 없었고, 단지 '내 안에는 얼마나 깊은 심연이 있는가?' 하고 물을 수 있었어요.

우리는 바다에서 수영하며 놀거나 서핑하며 파도를 타지요. 바다 저 깊숙이 심연이 있다는 사실은 기억하지 않아요. 내 기억은 수영이나 파도타기에 머물러 있어요. 저 아래에는 무엇이 있나요? 한 줄기 빛도 없고 소리도 없고 어쩌면 완벽한 침묵, 그러나 그렇기 때문에 마냥 두려운 심연이 있죠.

나에게는 내가 결코 알지 못하는 심연이 있으며, 그 심연에는 끊어진 필름들이 가라앉아 있어요. 출근하고 퇴근하고 밥 먹고 잠자고 수다 떨면서 그 심연을 잊을 뿐이지요. 그 필름을 찾으러 더 심연으로 들어가야 하는지는 아직 결정하지 못했습니다. 일단은 심연이 있다고 하고, 출근하고 퇴근하고 밥 먹고 잠자고 수다 떨면서 잘 지내요. 지금 글이 뚝뚝 끊어져서 선문답처럼 들릴지도 모르겠어요. 어쩔 수 없이 심연 이야기는 매끄럽게 이을 수 없나 봅니다.

이 이야길 하는 이유는 그 심연이 나에게만 있지 않다는 거예요. 이렇게 평범하게 산 인생에게도 그런 심연이 있다면, 지금 바로 앞에서 출근하고 퇴근하고 밥 먹고 잠자고 수다 떠는, 별일 없이 사는 저 사람에게도 똑같은 것이 있어요. 그 사실을 안다면, 그 사람에게서 별을 보는 겁니다.

너와 나의
심연 보기

별이 총총 박힌 밤하늘이 일상이었던 옛사람들은 자기 자신에 대한 고민을 덜 했어요. 자아야말로 20세기의 발명품이죠. 별은 자아를 잊게 하는 완벽한 치료제였어요. 예로부터 신화와 종교를 비롯해서 음악·미술·철학·과학에 영감을 주고 헤아릴 수 없는 슬픔을 달래주었죠.

경외감이란 시간과 공간이 해체되고, 몸의 경계도 느껴지지 않는 우주와의 합일 상태를 말하지요. 밤하늘이나 별을 보는 일은 경외감을 줍니다. 경외감은 큰 존재에 순응하는 마음이 일어나게 해요. 같은 외로운 인간끼리는 도저히 전해줄 수 없는 위안이 거기 있어요.

별이 보이지 않는다면 아득한 밤하늘이라도, 아니 한낮의 하늘이라도, 무언가 영원한 것을 보아야 해요. 그것이 너와 나의 심연인 듯 말이에요.

낮은 마음

　　어릴 때는 종교마다 가지고 있는 대전제가 몹시 못마땅했어요. 기독교는 천국을 상정하며 바르게 살지 않으면 지옥에 간다고 해요. 불교는 잘못 살면 짐승으로 윤회할 수 있다고 하죠. 유교는 예의 바르게 살지 않으면 역사와 가문에 먹칠한 자로 기록된다고 합니다. 모두 협박(?)을 바탕에 두고 있어요.

　종교에 따르면 천국에 가려면, 나쁘게 환생하지 않으려면, 가문에 먹칠하지 않으려면 우리는 바르고 사랑스럽게 살아야 해요. 그래야 천국에 가서 영생을 누리고, 더는 환생하지 않고 속박에서 벗어날 수 있으며, 역사에 훌륭한 이름을 남길 수 있어요. 그런데 이 프레임을 받아들이려면 태어날 때부터 죄가 있다고 믿어야 하고, 삶은 괴로움이라고 느껴야 하고, 사람의 도리를 배우지 않으면 짐승이 된다고 인정해야 하죠.

'아, 너무 유치해. 싫다!'

어릴 때 저는 종교에 관해서는 이렇게 삐딱했어요. 지금도 그 시선에서 크게 달라지지 않았지만, 이제는 종교마다의 프레임을 들여다보며 재미있어합니다. 이 세 프레임이 적어도 같은 말을 하고 있다는 점이 그래요.

'인간은 불완전하지만 온전해질 수 있으며 사실 원래가 완전 했다. 그걸 잊지 말고 일상을 똑바로 살아라.'

제 귀에는 다 이런 메시지로 들리거든요. 많은 성자가 우리 본성의 선함을 믿었고, 밝은 태양이 구름에 가려졌다고, 그러니 태양을 보라고, 그 나라 그 시대 그 사람들에게 맞는 언어로 깨우려 했던 거예요.

사실 종교 이야기는 꽤 조심스러워요. 조금은 불편한 이야기 인데도 굳이 꺼내는 이유가 있어요.

'내 마음을 들여다본다. 나를 찾는다.'

이런 주제를 말할 때, 그것이 종교를 벗어나서 인간이라면 할 수밖에 없는 고유의 질문이고 행위인 줄 알았는데, 결국은 종교에서 흔하게 말하는 어떤 것과 만날 수밖에 없기 때문이에요.

그것은 '믿음' 이야기가 아니고 '행동 방식' 이야기랍니다. 착하게 살고, 해코지하지 말아야 하고, 쾌락에 탐닉하지 말아야 하며, 친절해야 하고, 많이 베풀어야 하며…… 등 사람을 좀 더 선하게 살게 하는 행동 규율들 말이에요.

'그러니까 네 마음의 평화를 얻고 싶어? 그러면 도덕적으로 살아야 해.'

이 지점으로 돌아오는 거죠. 뜻밖에도 말이에요. 선한 행위가 아닌 것들은 당장은 아니더라도 마음을 꼭 어지럽히게 되어 있다는 뜻입니다.

지금 제 수준에서는 바른 행동 규율을 세세히 이야기할 수 없어요. 그건 제가 인생을 무척 잘 살게 되면 먼 훗날에 이야기할 수 있을지 몰라요. 지금은 이 책의 범위에 맞는 하나의 행동 규율을, 그것도 사전적인 의미 수준에서만 잠깐 이야기하려 합니다.

파탄잘리가 말하는 다섯 가지 행동 규율 중에서 '타파스Tapas' 가 있어요. '태우다, 타오르다, 고통받다'를 의미하는 동사 'Tap' 에서 유래한 말이에요. 정화와 자기 수행, 엄격함을 포함하는 불타는 노력과 고행을 의미하죠. 욕망을 태워버리려는 자기 제어의 노력을 타파스로 간주할 수 있어요.

타파스는 세 가지로 나뉘어요. 몸, 말, 마음이죠.

몸 타파스는 아힘사Ahimsā(비폭력)와 브라마차리아Brahmācharya (금욕)예요.

말 타파스는 공격성 없는 말, 진실한 말, 남을 헐뜯지 않는 말

등이에요.

마음 타파스는 기쁜 일에도 슬픈 일에도 마음의 평정을 유지하는 것을 말합니다. 의도나 대가를 바라지 않고, 신심으로 행동하는 것까지 포함되고요.

혹시 이 낱말 하나하나의 깊이가 보이시나요?

비폭력. 금욕. 진실한 말. 고요한 마음자리. 신심……

이 중에 한 마디를 제대로 이해하려 해도 아마 꽤 많은 수련이 있어야 할 거예요.

왜 거의 마지막에 와서야 이 이야기를 하는지 아셨나요? 마음공부, 마음수양은 단순하게는 욕심 내려놓기, 숨 잘 쉬기이지만 그 깊이와 높이와 너비는 헤아리기 힘들어요. 과장이 아니에요. 책을 시작할 때 마인드컨트롤이라는 말이 너무 아득하다고 했는데 이런 점을 꼭 이야기하고 싶었어요.

왜 늘 초심자여야 하는지, 아니 왜 초심자일 수밖에 없는지를 한번 생각해보고 싶었습니다. 이런 생각은 하심下心 기르기에도 좋아요. 낮은 마음이야말로 많은 걸 선한 의도로 돌려놓으니까요.

개똥이 되기

나 자신이 소중한가요? 옛날에 귀한 자식일수록 이름을 '개똥이'라고 붙였다고 하잖아요. 자신이 소중하다고 손에 물 안 묻히고, 남들보다 좋은 음식을 먹고, 남이 떠받드는 일을 해야 하나요? 한번 생각해볼 문제입니다. 나 자신이 정말 소중하면 스스로 개똥이가 되어야 한다고 생각해요.

오늘 하루는 개똥이입니다. 다행히 오늘 하루만 그렇게 해보죠. 오늘은 남들이 곤란해하는 허드렛일을 합니다. 저는 이번 명절에도 설거지를 스무 번쯤 했나 봅니다. 전혀 대단한 일이 아니에요. 즐겁게까지는 아니지만 그래도 만족스럽게 했습니다.

이건 제가 남자여도, 아이이거나 노인이어도 변함없는 결론이에요. 화장실 청소를 직업으로 하는 사람이 있습니다. 그런 일을

하는 부모님들이 다 우리를 먹여 살리고 키웠어요. 개똥이 마음
이면, 작아서 작은 게 아니라 나는 진실로 작습니다.

9장
·
일상
잘 지내기

삶이 늘 시적이지는 않을지라도
최소한 운율은 있다.

앨리스 메이넬

역사상 가장 독특한
지식계층

　엄마의 고향이 경남 합천이에요. 엄마는 열 살 때까지 합천의 어느 작은 마을에서 살았고, 그때 할아버지(저에겐 증조할아버지)가 훈장님이었다는 이야기를 종종 하셨어요. 한번은 집에서 옛 문집을 발견하고 물어봤더니, 증조할아버지 환갑 때 제자들이 헌시를 바쳐서 낸 책이라는 거예요. 이를 듣고는 "증조할아버지가 유명한 사람이었어?" 하고 물었죠. 엄마는 그렇지는 않고 마을마다 있던 그냥 선비였다는 거예요.

　선비? 당파 싸움에 휘말려 과거도 못 보고 초야에 묻혀 책만 읽는 안타까운 부류? 당시 제가 가지고 있던 선비의 그림은 그 정도였어요.

　얼마 후, 조선 시대에는 우리 증조할아버지 같은 선비가 마을

마다 있었다는 사실을 알게 됐어요. 그들은 동네 철학자로서 아이들에게 글을 가르치면서 서당을 운영했죠. 오늘날의 눈으로 보면 서당은 책방이나 문화 살롱 역할을 했어요. 그런데 서당 문화가 거의 사라지고 선비들이 희화화된 건 너무 안타까워요.

더듬어보니 초등학교 때 서당에 잠깐 다닌 적이 있어요. 우리 세대로 보면 매우 희귀한 경험이죠. 망건을 쓴 훈장님에게 《명심보감》과 《소학》을 배웠어요. 내용은 기억하지 못하고, 단지 그 분위기가 생각나요. 제법 큰 한옥에 훈장님이 앉아 계셨고, 아이들이 둘러앉아 있었어요. 우리가 읽기를 잘 따라 하면 곶감(애들은 곶감을 먹지 않는데!)을 주고, 시끄럽게 굴면 싸리나무 회초리를 드는 시늉을 하다가 내려놓곤 하셨어요. 아마도 그때는 코미디 프로그램에나 나오는 그 독특한 분위기가 재미있어서 다녔던 것 같아요.

몇 년 전 구례에 있는 쌍산재라는 유명하지 않은 어느 선비의 고택을 우연히 둘러봤어요. 그 건축의 아름다움에 정말로 흠뻑 반하고 말았어요. 집에는 그 사람의 마음이 담겨 있고, 어떻게 살고자 하는지가 보이잖아요? 자신을 낮추면서도 맑은 기운이, 그러면서도 게으르지 않게 갈고닦으려는 치열함이 안채, 뒤뜰, 작은 숲길 등에서 매우 낭만적이면서도 소박하게 드러났어요. 선비 문화나 선비 정신을 책이 아니라 집을 통해 제대로 만난 셈이죠. 곧바로 선비라는 부류의 사람들은 어떤 사람인가 하고 궁금해졌어요.

백승종 역사가가 쓴 《신사와 선비》를 보면 서구의 신사가 시민의 길이 되듯, 선비의 길이 한국 사회가 더 정의롭고 평화롭게 되는 데 도움이 될 거라는 이야기가 나와요. 선비라는 존재를 우리는 잊고 살았지만 훌륭한 유산이라고 일러줍니다.

물론 흔히 떠올리듯, 선비 하면 비현실적이고 관념적인 학문에만 매여 있고 그 자체로 폐쇄적이라는 약점이 있죠. 또 변화하는 사회 현상에 제대로 접근하지 못했다는 비판도 있어요. 그러나 저자는 이렇게 밝혀요.

> 그럼에도 불구하고 나로서는 어쩔 수 없이 선비를 존경할 수밖에 없는 점이 있다. 선비에게는 물질적 유혹으로 꺾지 못할 강직함이 있었다. 제 한 몸의 부귀영화를 초개처럼 여길 줄 아는 큰 뜻이 있었다. 공동체를 향한 헌신의 열정이 있었다. 무엇보다도 개인의 삶과 우주 자연을 하나로 꿰뚫는 유기적 인식이 있었다. 이기심과 탐욕이 곳곳에서 지금 이 순간에도 수없이 많은 문제를 일으키고 있어서 더욱 그러한가. 선비의 청고淸高한 기상, 그의 호연浩然함이 그리울 때가 적지 않다.
>
> ─ 《신사와 선비》, 백승종

그에 따르면 선비들에겐 현대를 사는 우리에겐 결핍된 미덕이 많았어요. 겸손함, 청아함, 존중감, 서로 배우고 가르치는 마음, 자연에 고마워하는 마음 등. 특히 자연과 하나 되기를 바라는 마음은 서양의 기사나 젠트리, 일본의 사무라이에게는 없는 독특한 철학이라고 해요. 겸손하고 청아한 성품 역시 그렇죠. 서양의 기사나 사무라이는 세속권력의 상징이어서, 이따금 은거를 말하기도 했지만 이해관계에 깊이 개입했다고 합니다.

반면에 조선의 선비들은 초야에 묻혀 유유자적하는 이들이 많았어요. 그런데 이는 단순한 낭만이 아니라 잔혹한 현실이었어요. 17세기부터 당파 간의 정쟁이 격화되면서 목숨이 왔다 갔다 했으니까요. 그래서 선비들은 늘 고뇌했다고 합니다.

'지금이 권력으로 나아갈 때인가, 물러나서 고향으로 향할 때인가!'

아무래도 그런 고뇌 속에 살면, 늘 '나는 누구이며, 여기 왜 있는가?'를 물을 수밖에 없겠지요.

오늘날 우리는 남 앞에 나서기 위해 자신의 잘난 점을 선전하기에 바쁘다. 불과 한 세기 전만 해도 사정은 완전히 달랐다. 현대인으로서는 이해하기 어려운 일이다. 하지만 출처를 심각하게 고민하던 선비들은 우리가 놓친 인생의 숭고한 의미를 알고 있었던 것은 아닐까.

- 《신사와 선비》, 백승종

마음공부는
필수 과목

오늘날에는 출(出), 즉 나아가는 고민을 하지 처(處), 즉 물러서는 고민은 잘 하지 않아요. 다들 그래요. 가만 보면 어느 날 갑자기 실직도, 이혼도, 투병도 하기 쉬운 시대인데 왜 처의 시기는 고민하지 않을까요? 제 두 번째 책《사과를 먹을 땐 사과를 먹어요》는 이 '처'의 문제를 고민하며 쓴 글이에요. 방황의 기술, 휴식의 가치, 잘 보내는 법을 익혀두고 싶었어요. 그런 시기를 가져보니 명상이 삶에서 필수 과목으로 떠오르더군요.

멈춰 서는 일은 존재 양식과 지향점이 달릴 때와 완전히 달라요. 잘 달리는 법은 처의 시기에는 거의 통하지 않죠. 이 물러남의 기술이야말로 제대로 배워야 한다고 생각해요. 그런데 하루 중 처의 시간은 언제인가요? 부산한 하루 중 멈춤의 시간, 물러

남의 시간이 바로 명상의 시간이죠.

명상을 주제로 이야기하면서 갑자기 선비가 등장해서 낯설었을 거예요. 저도 선비와 명상이 연결될 줄은 몰랐어요. 그런데 선비들이야말로 명상의 고수들이었어요. 그들은 직업정신을 갖고 마음공부를 하는 사람들이었거든요.

책만 보는 바보로 유명한 이덕무가 선비들의 일상 매뉴얼 같은 책을 쓴 적이 있어요. 바로 《사소절》인데, 읽어보면 따끔한 글이 많아요.

요즘 사람들이 글자 한 자도 읽지 않아 제멋대로 행동하는 것은 거론할 것도 못 되거니와, 글을 많이 읽었다고 하는 자도 그 배운 글귀를 과거 시험에만 사용하고 자기 몸을 수양하는 데는 한 번도 시험하지 않으니, 애석한 일이다.

옛글을 외워서 말끝마다 인용하는 자도 있으나 그 마음씨를 살펴보면 아첨하듯 교활하고, 소위 인용하는 것도 한갓 입술을 꾸미는 자료로 삼을 뿐이니, 이런 식이면 글을 아무리 많이 읽더라도 어디에 쓰겠는가.

– 《사소절》, 이덕무

'배운 글귀를 과거 시험에만 사용하고 자기 몸을 수양하는 데
는 한 번도 시험하지 않으니!'라니요, '한갓 입술을 꾸미는 자료'
라니요! 글 쓰는 사람들에게 이런 글은 그저 따끔합니다. 선비
는 학식만 높은 양반이 아니라 실천을 중시했기 때문에, 자기는
이미 그렇게 살기 때문에 이렇게 당당히 호통칠 수 있는 거예요.
좋은 선비는 몸에 철저히 습관을 들임으로써 예의 바른 삶을 익
혔어요. 그들은 눈빛이 얼마나 성성하게 살아 있었을까요.

잠은 옛 선비들의 생활 매뉴얼이자 몸-마음을 공부하는 방
법을 말해요. 삶에 정성을 쏟음으로써 마음을 고요히 하고 정신
을 맑게 하려는 의도가 짙게 깔려 있어요. 잠 중에 〈경재잠〉은
조선 시대 때 서원이나 향교의 필수 과목이었어요. 명상법이 학
교 수업의 주 교재였던 셈입니다. 지금 구글 직원들이 명상한다
는 이야기에 비할 게 아니죠.
주자가 쓴 〈경재잠〉의 한 구를 잠깐 보고 갑시다.

不東以西(부동이서, 동을 서라고 하지 말고)

不南以北(불남이북, 남을 북이라고 하지 말고)

當事以存(당사이존, 하는 일에 마음을 두어라)

靡他其適(미타기적, 다른 데로 마음을 가게 하지 마라)

— 〈경재잠〉, 주자

동을 서로, 남을 북으로 착각하지 말고 바르게 알아라. 앞의 두 줄은 올바른 인식의 문제예요. 뒤의 두 줄은 사물을 만날 때 마음을 간직하라, 마음을 이리저리 움직이지 말라는 뜻이에요.

바르게 알아차리고, 마음을 고요히 하라는 명상의 핵심이 담겨 있어요. 어쩜 명상법은 시대와 문화를 뛰어넘어 이렇게나 똑같죠?

밥 천천히
먹는 날

.

예전에 아는 분이 청담동 한 식당에서 친구와 밥을 먹는데, 건너 테이블에 당시 가장 인기 있던 원빈 씨가 지인과 왔더래요. 원빈 씨와 거리는 좀 떨어져 있어도 마주 보는 위치가 된 거예요. 눈앞에 자꾸 원빈 씨가 보이니 밥이 어디로 들어가는지 하나도 몰랐대요. 식욕도 갑자기 뚝 떨어졌다고 합니다.

아무리 귀한 요리를 먹어도 맛을 알기 어려울 때가 있죠. 앞에 앉은 사람에게 넋이 나가 있거나 어려운 자리여서 옷에 뭐가 묻을까, 말이 잘못 나오지 않을까, 나를 어떻게 볼까 염려해야 한다면 아마도 지금 무얼 먹고 있는지 잘 알기 어려울 거예요.

그런데 마음이 고요할 때는 별맛이 없는 차를 마셔도 혀끝에 알싸한 맛까지 머금고 넘길 수 있죠. 그럴 때는 밍밍한 차조차 '아,

담담하네!'하고 맛을 느끼게 됩니다.

저도 유튜브를 틀어놓고 밥 먹을 때가 아주 많아요.

'아, 이러기 싫은데.'

잠깐 이렇게 생각하면서도 어느새 손가락이 꼼지락거려요. 눈동자가 막 돌아갑니다. 음식을 씹는 동안 손가락도 허전하고 눈도 너무 멀뚱한 거예요. 그러면 입안의 밥을 다 씹지도 않았는데 또 밥을 넣고 반찬을 넣어요.

'이거 무슨 맛인지 알았고, 자, 그다음!'

하나의 경험을 곱씹기보다는 자꾸 다음 경험을 재촉하는 거예요. 그건 생각의 허기를 채우는 일이지요. 밥 한 공기가 아니라 밥 한 숟가락에도 마음을 제대로 못 붙여놓아요. 늘 먹는 밥, 그게 대수라고! 이런 태도입니다. 맞아요. 사실 밥 먹는 게 대수는 아니지요. 그렇지만 밥 먹는 순간에는 그럼 무엇이 대수일까요?

아마도 그건 밥 먹는 일일 거예요. 지금 먹는 밥은 다시 오지 않을 밥이고, 이 시간은 나를 위한 시간이에요. 천천히 맛을 느끼며 먹을 권리가 있어요(하아, 저도 노력하겠습니다).

흔들리지 않는
행복에 대하여

스피노자는 블리엔베르크와 편지로 철학적 논쟁을 벌였습니다. 그중 장님에 대한 설전이 있어요. 블리엔베르크가 장님은 완전하지 않다, '시력'이 결핍되어 있다고 말합니다. 이에 스피노자는 이렇게 반박했어요.

"그럼 당신은 날개가 결핍되어 있나요?"

존재 자체로 완전합니다. 그러나 이 말을 이해하는 데, 아니 더 정확히는 잘 받아들이는 데는 시간이 오래 걸려요. 장님이 완전하다는 것은 이해할지 모르지만, 나라는 존재 자체가 완전하다는 사실은 정말 그렇죠. 지금 내가 완전하다는 걸 '완.전.히' 믿고 있나요? 아마도 마음이 떠돌고 있다면 그 지점일 거예요.

이 지점에 대해서 붓다는 목숨을 걸고 파고들었어요. 자기 마음을 대상으로 삼아서 연구했고, 인류에게 줄 빛을 거기서 발견했고 나눠주었죠. 그는 완벽하게 행복한 사람이 되었어요. 여기서 말하는 '행복'은 기분이 너무 좋아서 미칠 것 같은 상태가 아니에요. 오히려 완전히 만족하는 상태에 가까워요. 그가 이루어낸 행복, 만족함의 수준은 너무 크기 때문에 여기서는 아주 인간적인 수준에서 이해볼게요.

만약 내가 연봉이 낮아서 불행함을 느낀다고 해볼까요. 붓다는 연봉이 높아져야 행복해진다고 말하지 않아요. 물론 연봉이 높아지도록 노력하지 말라는 뜻은 아니에요. 이것을 오해하면 안 돼요. 바른 노력은 해야죠. 혹시라도 붓다의 가르침이 다 버리고 자기 처지를 받아들이라고 했다는 선입관을 갖고 있다면 수정해야 할 거예요. 붓다는 당시 인도 사회에서 최상위 계층인 브라만 계급은 '출생'이 아니라 '행위'에 따라 결정된다는 전복적인 가르침을 펼쳤습니다. 기존 종교인들과 브라만 계급에겐 몹시 불편한 이야기였지요.

붓다는 "너 연봉 때문에 괴로워? 그러면 네 인생 다 걸고 노력해"라거나 "어차피 삶은 다 무상한 것, 받아들여" 이렇게 이야기하지 않았어요. 연봉에 휘둘리는 네 마음의 속성을 보라고 했어요. 연봉을 계기로 네 마음이 끊임없이 헐떡거리고, 그것이 괴로움을 만들어낸다는 사실을 이해하라는 이야기입니다.

사회나 학교에서는 "너 연봉 때문에 괴로워? 그러면 네 인생 다 걸고 노력해"라고 말하는 편이죠. 그러면 훗날 행복할 거라고 이야기하죠.

그런데 붓다는 행복의 속성은 그렇지 않다고 말해요. 조건이 붙어 있는 행복은 이름이 행복일 뿐 갈애에 불과하며, 그것은 조건에 따라 달라지므로 완전하지 않다고 말이죠.

그렇다면 완전한 행복은 어떻게 가능한가? 마음이 흔들리면서 괴로울 때마다, 그 괴로움을 알아차리고 내려놓는 자체가 행복이라고 이야기합니다. 그러면 어떤 상황에서도 지금 바로 행복할 수 있다는 원리죠.

붓다에 따르면, 행복은 어디에 있나요?
내 안에 있어요.
행복은 언제 오나요?
지금이요.

이때 산란한 마음을 알아차리고 탁 내려놓으면서 지금의 나를 받아들이는 일은 고르디우스의 매듭이 됩니다.

'여기서부터야.'

'네가 아니고 나야.'

'더 멋진 것을 가진 미래의 나가 아니라 한때 행복했던 과거의 나가 아니라, 지금의 나.'

어디에 있건 어떤 상태건, 남이 나를 어떻게 보건, 오직 지금의 나. 지금의 나를 통 크게 받아들이는 건 자포자기가 아니에요. 나를 정말로 아껴주고 지켜주는 일이죠.

여기서 조금 더 주의를 기울여봅시다. 한번 잘 보세요. 다음 문장은 조금 천천히 읽기를 바랍니다.

지금의 나를 받아들인다는 말이
'나'를 받아들이는 것 같지만,
'지금'을 받아들이는 거예요.

말장난처럼 들릴 수도 있는데, 지금은 '나'도 '너'도 없거든요. 혹시 지금 차를 마시고 있나요? 그러면 차와 이 순간이 있지, 거기엔 '나'가 없어요. 길을 걷고 있나요? 그러면 지금과 걷기가 있어요. '나'는 없어요. '무슨 선문답 같은 소리야?' 하겠지만, 3초만 말을 머금어봅니다. 지금 책을 읽고 있다면, 책과 읽기만 있습니다. '나'는 없어요.

심리학자 빅터 프랭클은 이렇게 이야기했어요.

"건강한 눈은 그 자신의 모습을 보지 못한다. 그처럼 인간 역시 최상으로 기능하고 있을 때는 자신을 헌신적으로 바치면서 스스로를 잊어버린다."

○
눈만
안 떼면 돼

영화 〈포레스트 검프〉에서 주인공 포레스트 검 프는 베트남 전쟁에서 동료들을 구하다가 엉덩이에 총알이 스 쳤어요. 이 때문에 전쟁병원에 한동안 입원했죠. 큰 부상이 아니 어서 잘 휴양하고 있는데, 어느 군인이 탁구채를 들고 다가와요.

"탁구 칠 줄 알아?"

고개를 가로젓는 포레스트는 탁구를 잘 치는 핵심을 그에게 배우죠.

"탁구공에서 눈만 안 떼면 돼."

포레스트는 정말로 눈을 떼지 않아요. 눈을 부릅뜨고 공이 왔 다 갔다 하는 동안 끝까지 놓치지 않고 쳐다보며 채를 휘두르죠. 아이 같은 순진함과 완전한 믿음, 한번 정한 규칙은 끝까지 지키는 성실함은 그를 탁구의 신이 되게 해요. 마치 물 만난 고기처럼 탁구를 치는 만화 같은 장면을 기억할 거예요.

포레스트는 숭산 스님의 그 유명한 말씀 '오직 할 뿐'을 구현하며 사는 인물 같아요. 사랑하면 사랑하고, 달리면 달리죠. (탁구공을) 치면 치고, (어부가 되어 그물을) 치면 쳐요. 그는 박수를 받고 유명해져도 우쭐하지 않아요. 지금 하는 일을 눈 떼지 않고 할 뿐이에요.

그래서 커다란 성공을 거두고도 고향으로 돌아와 남의 집 잔디 깎는 일을 재밌게 해나가요. 그의 뒷모습에서 선의 경지를 느꼈어요. 영화 속 인물이지만, 아니 영화 속 인물이어서일까요, 그야말로 제대로 살고 있는 빛나는 한 사람을 만난 것 같았어요.

일할 때, 공부할 때, 사람들과 어울릴 때 내 마음을 자주 놓치죠. 내 공에서 눈을 떼고 말아요. 잠깐 딴생각을 하고, 누군가를 부러워하고, 무슨 일을 지적하고, 그 일을 잘 못하는 나를 다그치고, 조금 잘하면 우쭐해져서 지금 무얼 하고 있었는지, 무얼 보고 있는지 순간순간 잊어버려요. 내 일상의 필름은 뚝뚝 끊어져요.

질문을 확장해볼까요. 어떻게 하면 생생하게 살아갈 수 있을까요? 공에서 눈을 안 떼면 돼요. 눈을 떼면 마음을 떼는 것이니까요. 그러는 사이사이에 내 마음을 놓치고 마니까요. 남의 공을 쳐다보거나 남이 공을 치는 모습을 평가하는 일은 사실 대단히 쉬워요. 내 공에서 눈을 떼지 않는 것보다 훨씬, 어쩌면 100배는 수월하지 않나요? 우리가 줄곧 남의 공 이야기만 하고 사는 이유는 아마도 내 공에서 눈을 안 떼기가 무척 힘들기 때문이 아닐까 싶어요.

내 공에서 눈 떼지 않기. 이 단순하고 까마득하게 보이는 경지를 배워가는 중입니다. 그리고 그것에 대해 자꾸자꾸 더 말하고 싶어요. 이 말이 나를 돌보고 나를 포함한 우리까지 돌보기 때문이에요.

붓다가 두 곡예사 이야기를 들려준 적이 있어요. 가난한 홀아비와 메다라는 어린 여자아이였어요. 그들은 거리에서 재주를 부리며 먹고살았어요. 스승인 홀아비가 머리에 장대를 얹으면 작은 메다가 그 위에 올라가 균형을 맞추는 묘기를 연습하는 중이었어요.

스승은 어린 제자에게 "나를 잘 보아라. 나는 너를 잘 볼 테니. 그러면 균형을 잘 유지해서 사고가 나지 않을 것이다"라고 말했어요. 그런데 메다는 이렇게 대꾸했답니다.

"스승님, 제 생각에는 자신을 잘 돌보는 것이 나은 것 같아요. 나를 잘 돌보면 우리를 잘 돌보는 거예요."

붓다는 아이의 말이 옳다고 했답니다.

빌려온 비싼 물건
다루듯

무언가 풀리지 않을 때 일상을 내팽개치지 말아요, 우리. 내 일상에서 눈을 떼지 않으면, 가느다란 길이 보이더군요. 설거지할 때 그릇들이 엄청나게 비싼 골동품이라도 되는 양 다루어봅니다. 비싼 그릇이라면 씻을 때 눈을 뗄 수 없을 거예요. 마찬가지로 옷을 휙 벗지 말고, 팔다리를 천천히 조심조심 빼봅니다. 그러려면 팔이 다 빠져나올 때까지 소매 끝에 신경을 써야 해요. 계산할 때 카드를 휙 뽑지 말고 조심스럽게 빼봅니다. 그러려면 수만 번 빼왔던 카드지만 지갑에서 카드가 벗어나는 순간까지 눈을 뗄 수 없어요. 모든 물건이 내 것이 아니라 빌려온, 매우 귀한 것처럼 다루어봅니다.

너무 짜증이 올라오고 다 귀찮아서 아무렇게나 살고 싶을 때면 더욱 그래야 해요. 옷 입고 말하고 밥 먹고 커피잔 씻고 화장실에 가고 전화를 걸고 받는 순간, 이유 없이 볼펜 꼭지를 눌러대는 순간에 눈을 떼지 않고 그 행위를 함으로써 오늘 하루 치의 선을 해 나갑니다.

사소한, 그러나
성스러운 행위 하나

요가 이론에는 원형적인 불을 뜻하는 용어가 있어요. 산스크리트어로 '아그니^{Agni}'라고 해요. '변형시키는 힘', 잠재력을 상징합니다. 요기들은 더 높은 수준에서 아그니의 발달에 관심을 가져요.

위대한 요기는 자신의 현존 자체만으로 우리를 빛과 따뜻함, 생명력으로 가득 채우는 살아 있는 불길이다. 요가의 수행은 요가의 불을 창조하려는 것이며, 이 불은 요가 수행의 기초가 되어야 한다.

– 《요가 디피카》, B.K.S. 아헹가

'요가의 불을 창조하려는 것'이라는 재미난 표현이 있지요? 요가 수행의 목표가 빛과 따뜻함, 생명력으로 가득 채우는 살아 있는 불길을 만들어가는 것이래요. 아마도 요기들은 내밀하게 그런 목적을 품고 요가를 하겠지요. 요가의 불이 좀 더 이글이글하고 강렬한 형태인 데 비해, 내면을 비추는 조용한 불꽃을 창조하려는 사람들도 있어요.

오래전에 인도의 바라나시에서 신의 제단이라고 하는 작은 책상만 한 곳을 아침마다 정성스럽게 청소하는 사람을 봤어요. 홀로 성스러운 의식을 하는 것처럼 보였고, 그 풍경이 뇌리에 강하게 남아 있어요. 신심이란 저런 것인가 하고 생각했지요. 아마도 그때 그걸 봤기 때문인지, 그 뒤로는 그런 풍경이 이따금 눈에 들어왔어요.

예전 작업실 근처에 있던 한 카페의 주인도 그랬어요. 마침 제가 출근하는 시간과 카페가 문 여는 시간이 비슷해서 가게 앞을 청소하는 모습을 자주 봤거든요. 고도로 집중해서 청소한다고 할까, 그 모습이 정말 인상적이었어요. 한번은 서서 이야기를 나누었는데 그분이 그러는 거예요.

"저는 이게 수행입니다."

다른 사람 입에서 수행이라는 낱말이 나오니 깜짝 놀랐어요. 정말이지 그가 가게 앞을 정돈하는 모습은 늘 진지하고 겸허해

보였어요. 아마도 그는 가게 앞을 쓸면서 자기 마음을 쓸고 있었을 거예요.

자전거로 출퇴근을 한다든가, 날마다 도시락을 싼다든가, 책상 정리를 가지런히 한다든가 등 별것 아닌 사소한 일을 뭐라도 있는 듯이 진지하고도 성스럽다고 할 정도로 해나가는 모습을 주변에서 본 적이 있으신가요? 그런 모습은 제 눈에 쏙쏙 들어옵니다. 아마도 이들은 자기를 지킬 조용한 불꽃을 만들고 있는 게 아닐까 생각합니다.

자기만의 의식

저는 요가 하는 사람이니 요가 할 때는 아무래도 일상생활보다는 진지합니다. 그리고 글 쓸 때도 그럴 수 있어요. 하지만 좀 우스운 고백인데, 그 불길을 만드는 데 그새 집착이 들러붙었어요. 요가 할 때, 글 쓸 때 일희일비하지 않고 마음 비우는 게 영 어렵습니다. 이글거리는 불 말고 내면을 비추는 조용한 불꽃이 저에게도 필요했단 말씀이에요. 이런 이야기를 하자니 조금 부끄럽기도 하네요.

어쨌거나 모든 사람이 아주 사소한 일로 조용한 불꽃을 만들 수 있으면 좋겠어요. 내 마음을 잘 정돈해주는 정말 별것 아닌 일로 말이지요. 최근에 제게도 하나 생겨서 자랑하고 싶습니다. 시작할 때는 계속할 줄 몰랐는데 벌써 1년이 넘었네요.

매일 아침 해독 주스를 만들어 마셔요. 토마토, 양배추, 당근, 브로콜리, 사과와 바나나가 들어가요. 한 번에 많이 사둘 수 없는 재료이고, 조금씩 주문하는 거라 온라인에선 너무 비싸서 자주 장을 봐야 해요. 다듬고 만드는 것도 어찌 보면 귀찮은 일이죠. 처음에는 번거로워서 이거 계속하겠나 싶었어요. 그런데 왠지 그 귀찮은 과정도, 해독 주스를 먹는 일도 좋아졌어요. 여행 갔을 때 며칠 빼고는 하루도 거르지 않아서 제가 놀라고 있어요.

저는 술, 고기를 먹지 않고 다이어트를 할 생각이 없어요. 그래서 해독 주스의 효과 때문이라기보다는 사소한 일에 정성을 들이는 자체가 무척 좋습니다. 일상의 한 부분이 되었다는 자체로 만족스러워요. 뉴스를 들으면서 채소와 과일을 다듬고 불에 올리는 시간을 소중하게 생각합니다.

언제나 하기 전에는 좀 귀찮다는 생각이 따라오지만, 막상 시작하면 괜찮아요. 번거로운 과정을 거쳐서 하루 500밀리리터의 주스가 되는, 정말 별것 아닌 일인데 말이에요. 아마도 그 시간은 제 위장보다는 마음을 해독하는 시간인가 봅니다.

마지막 과제는 좋아하는 사소한 일을 골라서 '성스럽게' 해보기예요. 오늘 해보고 생각보다 좋으면 같은 시간에 계속해봅니다. 마치 무슨 의식처럼요. 내 방 쓸고 닦기나 일기 쓰기, 화초 가꾸기 등 할 것은 많지요. 그런 일을 계속한다고 큰 이익이 생기는 건 아니겠지만, 아마도 그 자체로 나를 비춰주는 작은 불꽃이 되지 않을까 합니다.

연약해진 덕분에

'나는 왜 이것밖에 안 될까?'

'저 사람은 왜 저래?'

이런 생각을 많이 하며 살았어요. 이는 그 자체로 명상이 안 되고 있음을 드러내는 생각이지요. '나는 왜 이것밖에'로 대표되는 생각은 다 '나'에 대한 고민이죠. 아무리 사회학이나 심리학적으로 좋게 분석하더라도, 그 속뜻은 더 잘나고 싶은데 못나서 화가 난다는 거예요.

그리고 '저 사람은 왜'로 시작하는 생각은 다 '남'에 대한 불만이지요. 나는 괜찮은데 남이 나를 늘 힘들게 하니 화가 나는 겁니다.

조금 무례하게 일반화한다면, 이 두 가지 화가 일상에서 나를 괴롭히는 대표적인 마음이 아닐까 해요.

저도 철학적인 이야기 참 좋아합니다만, 저 두 가지 화에서 스스로 벗어나지 못한다면 아무리 좋은 주제를 꺼낸들 무슨 쓸모가 있을까 싶었어요. 그래서 수련자라는 허울을 확 걷어내고 먼지 좀 털어야 했습니다. 그러나 호기롭게 시작한 그 작업은 얼마 못 가 좌절을 맞았어요.

그도 그럴 것이, 먼지 좀 턴다고 되는 일이 아니었어요. 사람 마음은 먼지 조금 털어낸다고 깨끗해질 만큼 좁은 영역이 아니니까요. 단 한 사람의 마음도 헤아리기 힘들 만큼 깊고 넓죠. 그래서 이 책에 나오는 과제들은 귀여운 먼지떨이에 불과할지 몰라요. 그럼에도 저는 과제들을 반복해오면서 '그래, 이게 다 내 모습이지' 하고 끌어안을 여유가 생겨서 좋았습니다.

내 안에 있는 온갖 약한 것, 센 척하느라 무시했던 조각들이 잘 보였거든요. 그것을 확인하고 무릎을 꿇는 많은 순간 덕분에 연약해지고 있습니다.

예전에는 연약해지면 아주 잘못되는 줄 알았어요. 기분도 좋지 않을 뿐더러 연약한 사람은 무시받고, 자존감도 떨어지는 줄로 알았지요. 그런데 연약해지니 뜻밖에 좋네요. 화낼 일도 줄고, 자존감 이런 거 별로 생각하지 않게 돼요. 내 연약함을 잘 볼

수록 타인의 연약함도 잘 보이니까 눈도 한결 부드럽게 뜰 수 있습니다.

연약해지면 가장 좋은 게 뭔지 아세요? 큰 것보다 작은 것이, 없는 것보다 있는 것이 느껴져요. '작은 것들은 죄다 약할까?', '내가 가진 것은 죄다 작을까?' 하면서 허리를 굽혀서 발아래를 보는 날도 있답니다.

누구나의 발밑에는 싱싱한 풀과 민들레가 자라고 있어요. 허리를 숙여서 눈높이를 바꾸면 보이고, 만져지고, 느껴질 겁니다. 허리를 숙일 수 있었던 건 다 연약해진 덕분이에요. 그래서 연약해지는 데 겁먹지 말아야겠다고 생각합니다. '어쩌면 이것이 강해지는 과정인가?' 하는 생각도 들었죠.

이전에는 강해진다고 하면 이런 모습인 줄 알았어요. 웬만해서는 아프지도 않고, 많이 먹고 적게 자도 괜찮은, 일도 잘하고, 낯선 사람들과 활달하게 만나고, 집안일도 척척 하고, 누가 뭐라고 해도 주눅 들지 않고, 저축도 잘하고, 책도 많이 읽고, 창작도 많이 하고……. 뭐든 꽉꽉 채우고 위로 향하는 그런 모습 말이에요. 그것은 드러나는 양적인 강함이에요. 겉으로 강해 보이는 사람이라고 해서 진짜로 강한지는 알 수 없어요.

내적인 단단함은 눈에 잘 보이지 않잖아요. 그것은 무언가를 잘할 때 길러지지 않아요. 잘할 때는 오히려 '나'가 강해지죠. 좀 까칠해집니다. 내적인 단단함은 스스로 연약해져서 눈높이를 낮출 때, 허리를 숙일 때 조금씩 길러지나 봐요.

앞으로 연약하게, 초심자로 살고 싶습니다. 그러나 아마도 마음처럼 잘 되진 않겠지요. 존재란 삐뚤빼뚤 뻗어가게 마련이니까요. 그러니 말만이 아니라 정말로 괜찮다고 나에게 말해주면서 이만 마치겠습니다. 연약한 글 끝까지 읽어주셔서 고마워요!